# 荒野に水は湧く

ぞうり履きの伝道者　升崎外彦物語

田中芳三

# イザヤ書　第三五章

荒野と　かわいた地とは楽しみ
さばくは喜びて花咲き
さふらんのように
さかんに花咲き
かつ喜び楽しみ　かつ歌う
これにレバノンの栄えが与えられ
カルメルおよびシャロンの麗しさ
が与えられる
彼らは主の栄光を見　われわれの
神の麗しさを見る
あなたがたは弱った手を強くし
よろめくひざを健やかにせよ
心おののく者に言え
「強くあれ　恐れてはならない
見よ　あなたがたの神は
報復をもって臨み
神の報いをもってこられる
神は来て
あなたがたを救われる」と
その時　目しいの目は開かれ
耳しいの耳はあけられる
その時　足なえは　しかのように
飛び走り
おしの舌は喜び歌う
それは荒野に水がわきいで
さばくに川が流れるからである
焼けた砂は池となり
かわいた地は水の源となり
山犬の伏したすみかは
葦　よしの茂りあう所となる
そこに大路があり
その道は聖なる道ととなえられる
汚れた者はこれを通り過ぎること
はできない
愚かなる者はそこに
迷い入ることはない
そこには　ししはおらず
飢えた獣も
その道にのぼることはなく
その所でこれに会うことはない
ただ　あがなわれた者のみ
そこを歩む
主にあがなわれた者は
帰ってきて
その頭に
とこしえの喜びをいただき
歌うたいつゝ　シオンに来る
彼らは楽しみと喜びとを得
悲しみと嘆きとは逃げ去る

和歌山県南部　紀南労禱学園全景

升崎先生夫妻（左著者）　労禱学園入口にて

血に染む雪（本文 19 頁参照）
故賀川豊彦氏の挿画

# 序

田中芳三兄は、事業家として大をなした人であるが、幼児のような純真な精神と、熱烈な信仰とをもっている。その上、文筆の才に恵まれている。田中兄が巨費を投じて出版した「神は我が牧者」のうちに収められた賀川豊彦卓上語録は、田中兄の感受性と表現力が、いかにすぐれたものであるかを示している。

田中兄は賀川豊彦に傾倒していたが、賀川のほかに、もう一人尊敬してきた人物がある。それは和歌山県南部に住む升崎外彦である。升崎外彦は、賀川のように名声はあがらなかったが、贖罪愛の実践においては、大賀川に決して劣らない人物である。

田中兄は升崎外彦との永い交わりを通じて、その働きについてくわしく調べた。升崎外彦自身が公表されることを好まない事柄までも、立入って調査し、いわば、根掘り葉掘り本人に問いただした。田中兄が、このようにして升崎外彦に対して持つに至った「愛と認識」とを書きとめたのがこの本である。これは升崎外彦伝でなく、升崎外彦伝道物語である。使徒行伝が聖霊の働きの記録であるように、この書は升崎を通して働き給うた聖霊の記録である。

昭和三十六年九月一日

武藤富男

# 目次

## 第三部　藁草履ばきの伝道者（紀州南部物語）

# 第一部　親鸞よりキリストへ

（生い立ち物語）

# 寺の跡目

明治十年西南の役。田原坂の戦に、桐野利秋の軍に破られた官軍の一将が山中を放浪していると、突然薩軍の一部将に出くわした。いうまでもなく刀を合わせたが、互の術に甲乙がなく〝打物業は面倒なり〟と刀を捨てて組み打ちとなった。二人は組みつ組まれつ揉み合ううちに、そのまま谷底に転げ落ちて、悶絶してしまった。気の毒に薩軍の一部将は死んでしまったが、官軍の一将は僅かに息を残していた。そして附近に住む炭焼きの娘に見付けられ、親身も及ばぬ介抱を受けた。戦は官軍の勝利に帰し、徐々に健康を回復した彼は、娘の親と娘とに再生の恩を謝し、故郷加賀の金沢に凱旋した。この人こそ誰あろう、升崎外彦の父、升崎茂郷その人であった。

仏教――殊に浄土真宗の最も盛んな、所謂《いわゆる》〝本願寺の米櫃〟とまでいわれた北陸の地金沢市郊外、寺の土塀に五筋の線の入った寺格をもつ名刹大源寺の独り娘環女を母に、戦いすんで凱旋したというものの、大半の部下を失った心の痛手は癒やすべくもなく、その後深く念仏宗門に帰依し、念仏郡長の異名さえとったほどの篤信の仏徒、茂郷を父に、明治二十五年（一八九二年）四月十二日、外彦は呱々《ここ》の声をあげた。

環女は幼少より深窓裡《しんそうり》に人となり、生来蒲柳《ほりゅう》の質《しつ》で、その上外彦を妊娠中大患に遇ったため、医師は母胎を案じて中絶を勧告したが、環女はそれを拒み、「如何なる難産であろうとも私の身はいといません。この子を産ませて下さい」と願い続けた。果たして難産であった。医師は止むを得ず人工流産により母胎を救おうとした時、産婦は、

「私は喜んで死にます。どうかこの子を助けて下さい。そしてこの子が男であったら、大源寺の跡目を継がせて下さい」と手を合わせて苦悶の中から哀願した。こうして生まれたのが升崎外彦である。

助産婦が「お坊ちゃまでいらせられます」と言い聞かせると、産婦はすっかり安心して「一度だかせてほしい」と願った。しかし七月児の逆子で、難産の結果生まれた赤ん坊は、息をしているというものの泣き声一つたて得なかった。あまりにも小さい赤ん坊なので、周囲の人々はひそかに〝飢饉年の猿のはらみ児〟のようだ、とつぶやいたという。

外彦を生んだ母は、

「この子は仏様からの授り児です。どうか大切に育てて、大源寺の跡目にして下さい」と言い残し、分娩後、三日目の夜明け方、昏睡状態のまま遂に目ざめず、永遠の旅路に赴いてしまった。

## 重荷を負う者

母の遺言もあり、大源寺の後継者たるべき教養を受けるため、外彦は六歳の時、他の寺に預けられ、七歳から経文を教わり、十歳で得度して、その名を水内瑞玄《ずいげん》と改めた。（以下彼を瑞玄と呼ぶ）

しかし天才肌の瑞玄は、十四、五歳の頃から父の望む方向とは全く正反対の文学の道に走って行った。経文を暗誦することには彼は何らの興味も意義も見出し得なかったが、絵筆を持ち、詩作に耽り、小説を読むことには異常な関心を示した。そして数々の創作を通して人生を知り、未知の世界へと誘われ行くのであった。特に少年は、日露戦役後、一大潮流をなして入り来たったロシヤ文学を耽読し、それに心酔してしまった。

父は瑞玄に向かって「是非京都の本山の学校に入学するように」と朝に夕に説いたが、彼は父にねだって金沢の工業学校に入学し、その図案科に学んだ。ここにあって彼は終始優等生として、校長や職員から未来を嘱望されるに至った。金沢は有名な九谷焼の本場である。彼はここで、土をこね、絵を画き、竈《かま》に入れて焼き上げを待つ時、寺では味わい得ぬ喜びに胸をわくわくさせた。

やがて少年期から青年期にかけての疾風怒濤時代が瑞玄を訪れた。〝人生とは何か？〟という大きい問題に彼はつき当った。寺院生活の空虚に対する煩悶に彼は悩んだ。教祖の恩愛に応えず、惰眠を貪る伽藍宗教の腐敗、安心立命を得られぬ教理、人生への疑惑、若い仏弟子瑞玄の懊悩は益々深まるばかり、寝もやらず仏前に端坐して狂おしく〝南無阿弥陀仏〟を唱えた。何とかして充実した生命の道を発見したいものだ！　もっと真剣な生活に入りたいものだ！と思い、彼は哲学に走って行った。しかしそこでも魂の安住も、心の糧も得られなかった。次いで〝哲学から宗教へ〟という順路を踏み、彼は宗教書を片っ端から読破した。しかし只一つキリスト教に関するものだけは一切手を触れなかった。それは幼少の頃から、

「キリスト教は日本人の信ずべき宗教ではない、凡ての宗教の中で一番下等で、一番迷信的なもの」

と父から強く深く教えこまれていたためであった。彼は書籍から体験へ、机上から現実へと志し、凡ゆる人々に教えを求めた。真宗界の巨人暁烏敏《あけがらすはや》先生、臨済宗の斎藤量光師、曹洞宗の名僧秋野孝道師、その他金沢市内外の名僧を歴訪して道を問い、真理をたたいた。けれど何物も与えられず、彼は転々として金光教、天理教、御嶽教、みそぎ教、何々宗となおも喘ぎ求めたが、何等の光明をもそこには見出し得なかった。〝南無阿弥陀仏〟の六字の名号は仏の救いの本願を簡単明瞭に表現していることはわかっているが、その阿弥陀如来なるものは、思索

の精髄ではあっても、救いの実体ではない。それ故に〝南無〟と全身全霊を捧げきれない。理屈ではうなずかれても、そこには生命の躍動がない。〝蓮の実や飛んでも同じ池の中〟に過ぎない。彼は遂に行き詰まってしまった。

〝人生とは不可解なり〟と結論して、十八歳の一高生藤村操は華厳の滝に身を投じたが、思想のみ偏向して発達した文学少年によくある如く、秀才肌の瑞玄もまた人生不可解と断じ、二丈に余る巻紙にこまごまと心境を書き綴り、それに〝清浄なる死の道へ〟と題をつけて家に遺し、死に場所を求めて金沢の町を放浪した。〝万有の謎を死を以て解決せん〟と自殺を企てること前後六回に及んだが、みな今一歩というところで故障が入り、実行にまで至らなかった。

第七回目は前もって特に周到な準備をし、金石《かないわ》海岸で死を遂げるべく、時間のくるまで金沢の町をウロウロと歩き廻っていた。

そこは十字路であった。右に行けば繁華街、左に行けば昔のお屋敷町十間町、尾張町。彼は左への静かな道をとった。ところが暫く行くうちに身震いするほど嫌なものにぶつかってしまった。救世軍（社会福祉・教育・医療などの支援をしながら、伝道をおこなっているキリスト教プロテスタントの一派）の野戦がそこで行われていたからである。見れば数十名の聴衆が士官のことばに耳を傾けていた。「ああ、清浄な死出の旅路を志す道すがら、嫌なものに遇ったものだ。見てはならぬ、聞いてはならぬ、耳よ聾《ろう》せよ、目よ盲《めし》いよ」と彼は一目散に駈け抜

けようとした。そのはずみにいやというほど電柱に頭をぶっつけ、よろめき倒れた。瞬間、弾丸のように彼の耳に響いた一語、

「凡て労する者、重荷を負う者、我に来たれ、我汝らを休ません」（マタイ伝11の28）

――疲れたる者とは誰か、自分ではないか！　重荷を負う者とは誰か、自分ではないか！　そうだ、この心の重荷を軽くしてくれるものなら、たとえ邪宗であろうと、外道であろうと、何であろうとかまわない――、と瑞玄は夢中になって今来た道を引き返し、

「先生、僕を救って下さい。僕は疲れ切っています。背負いきれない重荷で押しつぶされそうです。今も自殺しようとしていたところです」と救世軍士官の前に跪いた。それは明治四十一年六月二十八日、瑞玄が十六歳の時であった。かくして彼は士官に導かれ、他の人々と共に救世軍金沢小隊の営門をくぐった。士官は単純率直に、イエスの十字架の福音を説いた。

〝人間の救われる道、天上天下この他になし〟（使徒行伝4の12）

イエスは魔性ではなかった。少年は死にもの狂いで永い永い間、求め、尋ね、探していたものに今めぐり会ったのである。

「おお主イエスよ、私は信じます。あなたこそ真の阿弥陀仏、生ける如来様です」と彼は叫んだ。

〝地獄で仏〟ならぬ、彷徨の十字路で、彼は活けるキリストに出会い、〝無明の世界〟から〝尽十方遍照光明〟の世界に移されたのである。

# 剣の投ぜられんために

水内瑞玄のヤソ転向は、東本願寺派宗団の大問題となった。宗団側は手をかえ品をかえて彼に翻意を迫って来た。そして最後の手段として〝下げ渡し〟即ち極刑に当る「僧籍剥奪、寺門追放に処す」と通知して来た。心を痛めたのは父である。この子を大源寺の跡目にと遺言して死んで行った妻の魂も、〝息子がヤソに盗られた〟とあっては浮ばれまい、と思うとその心は千々に乱れた。腹かき切って、と何度思ったかも知れない。死に勝る苦しみ、生きながらの地獄とは正にこのことであろうか――。最後の手段として父は瑞玄を真武館に預けた。

真武館というのは、父の主宰する武芸道場である。そこでは塾生が毎朝三時に起床して、冷水を七杯かぶり、剣道の朝げいこをしていた。ここで瑞玄を散々責め苛《さいな》んで「寺に帰る」と言わせようという父の魂胆であったから、兄弟子達が容赦なく瑞玄を叩きつけた。少年がへとへとになったところへ、「一本参ろうか」と現われたのは身長六尺を越える偉丈夫、水野一伝流の免許、武徳会の六段、赤胴の具足をつけた、他ならぬ父である。父は小柄な瑞玄に向かって猛烈に打ちかかる。その気合に誘われ、少年は胡蝶のように父に挑みかかるが、もとより勝負になろうはずもない。剣道がすむと今度は柔道である。ここでも散々に投げられ、締められ、打ちのめされた。普通なら絶息するところを、彼の場合にはうつ伏せにして、なおも竹刀で背中をたたきつけた。そのために少年の背中は何時も紫色にはれ上がっていた。

「主よどうぞ私を憐んで下さい。私を苛む人から私を救って下さい」と瑞玄は祈った。拷問と祈りの毎日が繰り返された。もしも「寺に帰る」と一言いえば、立ちどころに駕籠でお迎えがあるはずなのに！　寺では金襴の袈裟《けさ》が待ち、未来の僧正の座が約束されているはずなのに！　しかし喘玄少年は決して「寺に帰る」とは言わなかった。

## 土蔵の中のクリスマス

このくだりは主人公升崎先生自身に語っていただくことにしよう。

「……その年の十二月二十四日、私は私の生涯で初めてのクリスマスを金沢教会で迎える筈であった。その日私は、早朝からクリスマスの礼拝にどうやって出席しようかと色々と考えていた。当時私は父の怒りにふれて、真武館という父方の剣道指南所に預けられ、厳重な監視のもとに置かれていたからである。寺の後継者であるべき私、仏道に精進中の僧籍にある者が、こともあろうにヤソ教に帰依転向したのであるから、当事者を慌てさせ、また激怒せしめたのも当然すぎるほど当然であった。

父は、その日私がしようとしていたことを、すでに感付いていたらしく、いきなり私に、土蔵の中の品物の運搬を手伝うようにと命じたのである。そうした謀略があるとは露知らず、私は暫く父の言うままに手伝っていると、何時の間にか土蔵の錠前は固く閉ざされ、私はついにそこに監禁されてしまった。

どんなに叫んでも、助けを求めても、二尺もある土蔵の壁の中ではどうにもならなかった。折から吹きつける北国名物の吹雪の音と、長町川の水のせせらぎだけが聞えて来た。そして昼になっても夕になっても錠前は開かれなかった。食物も与えられず、人の気一つない冷たい土蔵の中で寒さに震えている中に、短い冬の日も何時しか暮れて暗くなってしまった。あれほど、楽しみにしていた教会でのクリスマス祝会も、最初に迎える尊厳な朝の礼拝も、全部お流れになったかと思うと、言いようのないくやしさと、寂しさとがこみあげて来た。

その時である。トップリ暮れて暗くなった外部から誰かが梯子をかけて上がってくる気配がした。そして二尺四方の明り窓の鉄格子の間から、竹の皮に包んだ物がひそかに差し入れられたのである。

それは当時八十一歳になる私の祖母であった。生まれて三日目に母を失い、生来ひよわかった私を、昼は背中に、夜は胸に抱いてこよなく愛してくれた私の祖母であった。背はまるで駱駝のこぶのように曲っている老婆ではあったが、祖母はその不自由な体をおして、孫可愛いさの余り、雪のふぶく夜陰ひそかに食物を運んでくれたのであった。

「死んだおかか様（母上）のことを忘れるでないぞ……」

包を手渡しながら祖母は泣いて私に訴えた。渡された竹の皮の包の中には、握り飯が三個とめざしが二匹、それに干柿が二つ入れてあった。私はポロポロと涙を流しながらそれを食べた。吹雪は何時の間にかやんでいた。静かに更けて行く夜半、冷え切った土蔵の中からかすかに光る幾つかの星を見つめながら、二千年昔のベツレヘムでのありしことどもを想像し〝死んだおかか様〟の遺言の意味をジッと考えて見た。

〝我がために死にし主イエスを思えば、責めも嘲《あざけ》りもものの
かずかは……〟ふと愛誦の歌を私は口ずさんだ。そして監禁された土蔵の中で私は新らしく召命を感じ、献身を誓ったのである。

祖母のくれた三個の握り飯、二匹のめざし、そして二つの干柿、これこそ私にとって生涯忘れることのできない、私が受けた贈り物の中での最大のプレゼントであった。」

（一九五九年キリスト新聞クリスマス特集号記事より）

土蔵幽閉後、瑞玄に対する監視警戒はいよいよ厳重をきわめ、真武館での呵責《かしゃく》は益々激しくなるばかりであった。

「汝らは唯に彼を信ずるのみならず、彼のために苦しむことをも賜りたればなり」（ピリピ書1の29）ということを瑞玄は身をもって体験した。自分の生身を痛められることにより、キリストの御旨がいっそうはっきりとしてくるのであった。

父は禅門でも、剣道でも、容易に到達しがたいと思われる境地にある息子を見て、人知れず讃歎するのであったが、この我が子が仏弟子ではなく、ヤソであるかと思えば、その心がにえたぎる思いがした。折檻される息子よりも、折檻せねばならぬ父の苦しみは、なお一層深刻であった。

明治四十二年二月十一日の紀元節、真武館は朝からざわめいていた。それは館長升崎茂郷が、京都武徳会の剣道試合に石川県を代表して出場し、総裁伏見宮殿下より優勝銀盃を授与されたので、その祝宴が催されていたからである。

瑞玄はこの祝賀のさわぎに乗じて真武館をひそかに抜け出し、金沢教会で戸田牧師より受洗

した。（受洗後の彼を外彦と呼ぶ）

父に向ってこのことを告白すべきか、否か、外彦は迷った。告白すればただではすまされぬことは分りきっている。しかし主イエスの弟子となったからには、卑怯な真似はできぬ。いさぎよく打明けようと決心した外彦は、父のいる書院に行き、恭々《うやうや》しく両手をついて受洗したことを告白した。時は夜の十二時に近かった。父は〝史記〟を読んでいたが、外彦の言葉が終るか終らぬうちに、怒髪天をつく勢いで大喝一声、

「貴様いよいよ本物になりよったか――」

と言って立ち上がるや否や、床の間においてあった〝志津三郎〟の銘刀を取り上げて鞘をはらった。これは父の秘蔵の愛刀で、元藩主前田斉昭公より拝領したものである。

血相変えた父は、真向大上段に刀を振りかぶった。外彦は思わず横っとびに飛んで刀を避け、台所にとびこんだ。その時、真暗な台所で彼は一つの幻を見た。荊冠《けいかん》のキリストの顔が焔の如く現われ、パッと目を射たのである。

「瑞玄！　素裸になって出てこい」と父は叫んだ。ふんどし一つになった外彦は、再び父の前に出て、書院の広縁に両手をついた。逃げた息子が裸になって出て来たのでギョッとした父は、志津三郎の銘刀で外彦の肩に鋒打ちを食わせ、

「瑞玄、貴様は本気か！　ヤソの洗礼が有難いか！　親の洗礼が有難いか！　貴様受けて見

るか――」と言った。
「はい、私は何でもお受けします」と外彦が答え終るや否や、父は彼の首筋を鷲掴みにつかみ、間髪を入れぬ早業で、氷の張詰めた池の上にドシーンと投げとばした。外彦は一時昏倒していたが、我に返るや起きあがり、氷雪の上に正坐した。背筋を生温いものが流れている。血は脇腹をつたって膝下《しっか》の雪をいろどっている。その雪を見た刹那、十字架のキリストの御姿が再び瞼に迫って来た。感激の余り口を突いて出た歌は、

カルバリのカルバリの
十字架の血潮はわがためなり

であった。血みどろになりながら、雪の中に坐って歌を唱っている孫息子を見た祖母は、気が狂ったのか、と思った。
「瑞玄々々、おととに殺される」と言いつゝ、祖母は彼を座敷に連れて行き、傷の手当をし、着物を着せた。（この時の傷は、長さ十五センチほどの裂傷で、今でもその痕跡が先生の背中に残っている）
意を決した外彦は三たび父の前に出て両手をつき、「私が暫く親不孝者になりますことをお赦し下さい」と言った。父は刀を杖に、床柱を背にしたまま男泣きに泣いていた。この父の姿を見た外彦はたまらなく悲しく苦しかったが、道のために受ける一切をキリストの故に忍び、

一礼して寺を出た。外では一番鶏が鳴いていた。

「我地に平和を投ぜんために来れりと思うな、平和に非ず、反って剣を投ぜんために来れり。それ我が来れるは、人をその父より、娘をその母より、嫁をその姑より分たんためなり」（マタイ伝10の35）

## 千日伝道の獲物

寺を去った外彦は、金沢市の南、小松市の或る九谷焼の工場で働き、毎夜路傍伝道を続ける決心をした。その頃小松市には四十八の寺があり、そのうち四十一の寺は東本願寺の末寺であった。外彦はこの町に住む人一人でも主に献げようと、一千日の悲願をかけて路傍伝道を始めた。雨の日も、雪の日も街頭に立つことを止めなかった。聴き手が一人もないのに、彼は軒下に傘をつり、傘に向かって伝道を続けた。三年の間一晩もかかさず街頭に立ってキリストの話をする彼を、人々はヤソ気ちがいと呼んだ。しかし一人の信者はおろか、一人の求道者も与えられなかった。

千日を過ぎた十二日目のこと、遥か彼方の電柱の陰に、彼は自分に注意を向けている一人の姿を初めて見かけた。その人は小田原マントをすっぽり頭から被っているので、人相も年格好も分らないが、話しが終るまでジッと立っているところを見ると、彼の説教を聞いていたことだけは事実であった。最初は刑事かと思ったが、そうでもなさそうである。千日の後に始めて与えられた聴手であっただけに、外彦の胸は急に高鳴り始めた。その翌日も次の日もその人は来ていた。そんな日が十日も続くうちに、マントの人は少しづつ傍に近寄って彼の話に耳を傾けるようになった。

この人――方角定次郎は、小松市から十キロメートルも離れた木津という村の半農半漁を業とする家の青年であった。冬は今江潟に小舟を浮べてワカサギを漁《と》っていた。或る夜のこと、彼は他の青年達と一緒にこの夜もワカサギ漁に出かけたが、寒波におそわれたこの夜は一尾もとれなかった。他の漁師達は不漁と寒さの故に失望して引き揚げたが、方角青年だけは一人残って網を下ろしていた。夜明け方、網につけている木の柄がギイギイと鳴るので、魚が入ったな、と思って四ツ手網を揚げたが、一尾も入っておらず、青い表紙をつけた二冊の小さな本が魚の代りに入っていた。

本の表紙には約翰伝《やっかんでん》とある。変な本だなァ、と舟中の行火《あんか》で乾かし、読むともなく読んで見た。するとそこには〝我漁りに行く……〟(ヨハネ伝21の6)と記してあった。

「おや、この本は漁のことを書いている、約翰伝とはどうも魚とりの本らしいぞ」とひとりごとを言いながら読んで行くと、

〝舟の右方に網を下せ、然らば獲物あらん、乃ち網を下したるに魚夥しくて……〟とある。

「何だと、網を舟の右に下ろせか、よし下ろしてやれ。」と彼は左側から右側へと網を移動した。ところが宵のうちから一尾も獲れなかったワカサギが一斗二升もとれた。（大漁の時でも三升しかとれないのが普通であった）

明治の末頃、日本の聖書協会が四福音書の分冊を全国に頒布したことがあったが、石川県の村々にも、大ていの家には分冊の一冊や二冊を置いていた。無頓着な人々は「西洋のお経の本か！　お経の本なら神棚にあげておけ」と言い、伊勢神官の大麻や、鎮守の神の剣尖と一緒に神棚にほうり上げて何時しか忘れてしまっていた。

その年の夏のこと、梯川《かけはし》が氾濫し、田畑が流され、人家が壊れ、その上伝染病が蔓延して住民は大いに困った。その矢先明治大帝が崩御された。迷信深い田舎の人の常として、これは何かの祟《たた》りであろう、と一種の恐怖心にかられている時、誰言うともなく、

「ヤソの本を神棚にあげているからだ、神罰だ」との声がおこった。

ヤソの経文を神棚から下ろし、その神棚を塩で浄めるやら、神主がお祓いをするなど大さわぎ。そこで聖書の分冊を一カ所に集めて焼却したり、石油箱に詰めて湖の一番深い処に沈めた

りした。やがてこのさわぎのおさまった頃、湖底の箱がこわれて流れ出した本の一冊が、方角青年の網にかかったのであった。

一斗二升のワカサギに肝をつぶした方角青年は、拾った本を読んで行くうちに、ぶるぶると震えた。それは何年か前に村中をさわがせたヤソの本だということが分ったからである。しかしこわい物見たさの心理から、家人に隠れて読んでいくうちに、何か知ら引きつけられるものがあった。その時「小松の本居町に毎晩ヤソ気狂いが出る、石油箱の上に上ってダラン（くだらぬ）ヨマイ（世迷言）を言うている」ということを人から聞いたので、青年は十キロの道を遠しとせず、こっそり家を出て、毎晩聞きに来ていたのであった。

この青年は外彦の導きによって救われた。千日伝道はかくして実り、初穂が主に献げられた。方角青年は、小松教会を築き上げる中堅人物となり、三十三歳の短い生涯であったが、信仰のよき証人となった。

## 救世軍に入る

千日伝道の悲願を達成した外彦は、いっそう深く聖書を読み、祈りと瞑想に時を過ごした。或る日、聖書を開いたところ、

〝この小さき者の一人の亡ぶるは、天に在す汝らの父の御心に非ず〟（マタイ伝18の14）とあった。

彼は何回も何回も繰り返し繰り返しそこを読み、そして考えこんでしまった。母の遺言、衆生済度の善知識、寺の後継者、懐疑、キリストとの出合い、と過去を思い、未来を望んだ時、キリストが目の前に立ち給うことを意識した。

「我は汝が、汝の母の胎の中にある時より、汝を撰び出した。汝は我の言を携え行きて、我の命ずる処に行け、汝はその任に堪え得るように、我は汝を鍛えあげて来た。今後も更に鍛えるであろう、然れど心安んぜよ、我は常に汝と共に在るなり」

とのみ声を聞いた。外彦は一切の絆を断って、牧《か》う者なき羊の群に入って往き、人の僕《しもべ》となって足を洗おう、伝道者として生涯を捧げよう、と決心した。

こうして大正三年九月、教師友人達が、外彦は狂人になったと驚き呆れる中を、瓢然と上京

し、救世軍本営に山室軍平を訪れ、所信を打ち明けた。山室軍平はこの珍らしい青年を得て喜び、そのまま彼を救世軍士官学校に入学させたのであった。

廿有余年住み馴れた故郷を去るに当り、外彦の詠んだ即興の歌三首

反逆の身にあかあかともえ夕陽さす
あはれしらじな金沢の町

うちゆらる汽車は悲しもふる里の
いまかいづらむこの一人旅

また来んは覚束なしもふる里の
山よ我が友なんとすべけむ

# 仙台での受難

救世軍士官学校を卒業した升崎は、直ちに救世軍仙台小隊に出陣した。ここで奮戦中、彼は生涯彼の肉体につきまとう大難を受けねばならなかった。

大正五年五月二十日のことである。一人の少女が悪漢に監禁されていたが、或る夜逃げ出し、彼の小隊の門をたたいて、救いを求めて来た。彼女は名古屋の呉服問屋の娘であったが、父は娘の母である正妻を追い出し、なじみの芸妓を家に引き入れたので、高等女学校を出たばかりの彼女は家出し、遂に婦女誘拐常習の男にだまされ、シンガポールに売りとばされることになっていた。彼女は五歳位の時、女中に連れられて日曜学校に通ったことがあったので、キリストの教会に行けば助かるものと考え、監視の目を盗んで救世軍小隊にとびこんで来たのであった。升崎は彼女の訴えを聞いて直ちに救助の手配をしようとした時、悪党の一味は、土地の遊廓の用心棒や、ならず者を非常召集し、百五十名ほどが小隊を包囲して暴れこんで来た。深夜のこととてどこからの救援もなく、升崎は暴漢のため棍棒や仕込杖などで袋だたきにされ、全身に十三カ所の重傷を負い、殊に頭部を烈しく乱打されたため、脳震盪を起してその場に昏倒、病院にかつぎこまれたが三日間は意識不明で、その生命が絶望視された。右後頭部の打撲傷は骨が砕けて脳にめり込んでいた。捕えられた悪漢の自供によると、兇器は手拭に煉瓦を包んで、それを振り廻したものだったらしい。（娘はこのさわぎに乗じて暗闇の中を警察に逃げこみ、助けられて郷里に帰り、その後近くの岡崎市で家庭をもち、今三人の子女と多くの孫に囲まれ、平和な生活を続けている）

彼は東北帝大病院で診察を受けたが「生命はあと二ヵ月はもつまい」ということであった。その後東京、名古屋、京都、大阪、九州と八つの病院で、十八人の医師の診察を受けたが、等しく「その余命は最低六ヵ月、最長二ヵ年しかもつまい、よし命はあっても痴呆症たるを免れまい」ということであった。

# 第二部　受難の使者

（出雲簸の川物語）

# そこは荒野なり

八つの病院、十八人の医師から不治の宣告を受けた升崎は、その後石井十次のあとを尋ねて宮崎県茶臼原に行き、そこに半年留まり、最後に別府温泉で養生をすることにした。

早晩死は覚悟の上であったが、息子の信仰を理解出来ず、勘当を言い渡したまま生き別れしている故郷の父と、八十才を超えた祖母のことを思うと、彼はそうそう簡単に死ねない気持にもなる。

「瑞玄、お前の信仰は間違っていなかった」と父から言われることなくして、このまま死んで行くのは如何にも心残りであった。

医師達の宣告した余命の日数も刻々に迫ってくるが、頭の調子も、体の状況も、別に悪くも良くもならない。「どうせ長命を望めない自分だ、そうだ死ぬまでの間、人の一番嫌がる所で働かせていただこう、それには花々しい都会伝道は他の方々に願って、自分は誰もが困難とする農村、忘れられ顧りみられない山村に出かけて行こう。僻遠の農村を教化しなければ、日本は永久に救われないであろう」と彼は思った。

さてどこに遣わされ、何処で働かせて頂こうかと彼は考えた。それで養生していた旅館の娘

から一枚の日本地図を借り出し、
「主よ、僕に死に場所を示し給え」と祈りつ、目をつぶり、鉛筆の先をその地図の上につき立てた。鉛筆の先は出雲を指している。地図の向きを変えて何度も試みたが、同じ処を鉛筆の先がさし示していた。英国の一宣教師が「日本で一番伝道の困難な処は出雲地方だ」とかつて言ったことを彼はふと思い出し、出雲伝道に献身しようと決意した。そして山陰本線松江までの切符を買った。時は大正六年七月のことである。

旅館の一同に見送られて別府を後にした彼は、下関、広島を過ぎ、用便に立って席に戻った。そのとたんに検札。窓辺にかけていた上衣のポケットに入れていたはずの財布が見つからない。財布の中に入れていた乗車券も勿論ない。彼は尾道で下車を命ぜられ、駅長室に連行された。百方辯明してようやく釈放されたものの、この先どうしたものか、と途方に暮れてしまった。

仕方なく駅で教えられた近くの教会に行って見たが、そこは教会は教会でも黒住教の教会であった。出て来た神主から「キリスト教ならあの家に行くように」と親切に教えられ、訪ねて行った先は日野という産婦人科の医師の宅であった。既に深夜であったが、日野博士は彼を応接間に通し、くわしく事情を聞いた後、

「出雲の国のYという村には私の同志社の学友の一人でOという者がいる。彼は確か八雲銀行のY支店長をしている筈だ、紹介状を書きましょう。でもひどくお疲れの様子だから、暫く

ここで休んで行くように」と言ってくれた。

出発に際し、日野博士はOへの紹介状と共に、餞別を彼に恵んだ。その包み紙には〃神の御用のために〃と記されてあり、中には十円札二枚が封入されていた。その頃の十円紙幣を通称〃いのしし〃と言い、今の一万円の価値があった。

日野博士の親切に出合った彼は急に勇気百倍、最初の目的地松江市に着いた。今後の伝道方針の指導を受けるべく、日頃尊敬していたバックストン宣教師を最初に訪問したが、英国に帰国中とのことを夫人より聞き、その夜は甥のバークレー宣教師宅で一泊した。

## 蝮《まむし》の巣での起き伏し

出雲地方は〃文化におくれること三十年〃とかいわれた。日野博士から紹介されたここY村は、島根県斐伊川の上流に沿い、その南には中国山脈が連なり、まだ文明の風を受けていない、謂わば太古のままの村里であった。

升崎は日野博士の紹介状を持ち、救世軍々服を着て、Oを訪問したが、Oはどうしても会ってくれなかった。二十四回行って二十四回とも面会謝絶。郡会議員であり、村一番の大地主であり、八雲銀行Y支店長をしている村一番の声望家Oを頼って入村しただけに、彼の失望は大きかった。〃汝鼻より息の出入りする者に頼ることを止めよ、かかる者に頼りて何の得るところあらん〃の聖書の御言葉をしみじみと味わわされた。その結果彼は文字通り徒手空拳で、この山村の開拓伝道に飛びこまざるを得なくなった。

その頃の日本は、どこの土地でもキリスト教には全く無理解であった。人々は〃ヤソ教は日本の土地をとる外国の手先だ〃と徳川家光以来の思想を持っていた。殊に文明開化のおくれた処ほど、この考えがひどかった。ことY村の人々の態度も、

「キリスト教は外国の宗教だ。ヤソは神州日本をけがすものだ。ここ出雲の国は素戔嗚命《すさのおのみこと》、大国主命《おおくにぬしのみこと》が国開きをせられ、出雲大社が厳として鎮座し、毎年十月には国中の神々の〃神集《かんつどい》〃があり、出雲の国こそ神州日本の中心だ。しかるに何ぞや、昔禁教のキリシタン・バテレンの法を持ちこもうとは、神罰のほども恐ろしい、身のほども知らぬヤソ坊主、今に思い知らせてくれようぞ」というのであった。

〃村八分〃と云う言葉があるが、升崎の場合は、最初から村民総てに敵意と憎悪とをいだかれ、〃他所者《よそもの》〃（山村には今でも他所者という排他的気風が残っている）として扱われていた。

「今晩私の家でキリスト教の話があります。聞きに来て下さい」と誘ったところで始まる相談ではなかった。

升崎は昼は村のあちこちに建っている辻堂等で、子供を集めては学習を見てやると共に、聖書、讃美歌を教え、夜は村の辻々に立って路傍伝道を毎日の如く続けた。(升崎はここでの伝道について救世軍日本本営より事後承認を受け、毎月八円づつ支給されていた)

一番困ったことは誰も家を貸してくれないことであった。そのため彼は一年の間に十八回も転居した。一番長い処で四ヵ月。二日か一日で転居という場合もあり、引越先に着かないうちに断りを食うこともあった。仕方なく住みこんだのが、竹藪の近くにある六畳一間のあばら屋であった。ここはもと発狂した娘二人が入れられていた処で、娘は次々にここで変死したので、持主もこの家にさわると祟りがあるとして全く手をふれず、荒れるに任せ、そのため屋根は傾き、壁は崩れ、村人達も化物屋敷だと恐れて近寄らない家であった。

「升崎は出雲へ行くと云って出たきり何の便りもなく、戦果の報告もないから、死んでしまったのだろう」と言って、救世軍の彼の一友人が、黒枠入りの葉書を彼の友人知己に配ったのはこの頃のことであった。

この苦境にあって、彼はなき母のこと、父のこと、祖母のことを思った。また『これほどにまでしてなおこの村に止まるべきか、これだけの努力を他ですれば、この幾十倍もの伝道効果を納め得るのではなかろうか、〝人がもし福音を受けなかったならば、足の裏の塵を払ってその地を去るべし〟(マルコ伝6の11)と主は教えているではないか、しかしまた聖書は〝実らぬ無花果《いちじく》のために今一年待ち給え〟（ルカ伝13の6）と農夫が果樹園の主人にとりなす譬え話も伝えている』と思い悩んだ。狐の鳴く声に愕然として振り返れば、破れた窓際に一匹の老狐がふさふさとした尻尾を地面において坐っている。彼はそこに跪いて祈った。

「おお主よ、お赦し下さい、実らぬ無花果のため、今一年の猶予をお与え下さい〝狐は穴あり、空の鳥には塒《ねぐら》あり、されど人の子は枕する処なし〟と申されし主よ、今この窓辺にいる狐には穴があります、僕《しもべ》は追われ追われて寝る処もありません。お護り下さい」

だがこの化物屋敷も安住の地ではなかった。ここには年を経た雌雄二匹の大狸が住みついて、入居の当座は狸も用心して寄りつかなかったが、彼が無害の人物だと分かってくるにつれ、狸らは彼の留守中、水屋の中の食物を漁り、釜の飯を空にするようになった。夜は殊の外さわぐので眠れなかった。

その上に村人達は彼の留守をねらっては、釜の中に牛糞を入れたり、食器や書物や夜具を持ち出して、野天の肥溜《こえだめ》に投げ込んだり、一枚しか残っていない蒲団の中に大便をしたり、生殺しの青大将を机の上にのっけておいたり、その他種々様々の念の入ったいたずらを続けた。

思案に余って升崎が引越して行ったのは、藤ヶ瀬山の山塞《さんさい》であった。藤ヶ瀬山というのは、昔尼子十勇士の一人である三沢為虎が、同志七百人と立てこもり、五万の毛利軍を引受けて玉砕したといわれる古戦場である。

彼はここで冬は洞穴の入口に莚《むしろ》を吊し、焚火をして暖をとった。夏は案外よい住心地であった。ある日のこと、山塞に帰って見ると見知らぬ客が二人来ていた。岐阜県から来た蛇捕りで毎年夏になれば来るという。「ここは蝮《まむし》の巣で、少なくも一日十五、六匹は捕まる。先刻からもこれだけ捕らえた」と蛇捕りは五、六匹の蝮を彼に見せた。彼は「私はここに住んでいるんだがネー」と答えると、蛇捕りはあきれかえって言った。

「ここの蝮は八寸蝮といって、人がこれに噛まれると四、五時間のうちに死ぬ。一尺もないが、きつい奴だ。あなたはまるで蝮と一緒に寝ているようなものだ。」

彼は不気味になって、蛇捕りの前で寝床用に敷いていた莚を引き出して見ると、平ぺったく押しつぶされてミイラになった蝮が二匹出て来た。蛇ぎらいの彼が、知らなかったとはいえ、蝮の巣で蛇の季節を何ヵ月か過ごしていたのであった。

インドのサンダーシングはヒマラヤの山地を旅行中、夜半歩き疲れて山中の穴のふちに腰を下ろし、眠りこんでしまった。翌朝目がさめてみると、身長十メートルに余る錦蛇のとぐろの中に足を突込んで寝ていたという逸話があるが、これと似た話である。

その翌年六月四日のこと、升崎は何時ものように川原に出て米を洗い、お祈りを捧げていた。その頃彼は村人から石で打たれることなど毎日のことであったので、〝たたかれ日誌〟というメモを書いていたほどであった。この日も早苗を運んでいた村の青年達は、山の上から升崎を目がけて何十となく石を投げつけた。逃げると余計に投げるので彼は同じ処でジッと祈りを続けていた。ところがその中の一つの石が彼の右の頭に命中、眼鏡は割れ、ガラスは粉々になって飛び散り、彼の額からは鮮血がほとばしり流れた。彼はその場に昏倒して、意識を失ってしまった。その時、誰言うともなく、

「バテの野郎もとうとう死によった」

との噂が村中に広がった。

（出雲地方では、野郎と云う呼び方をよくしていた。この地方の地主などが、出入りの小作人を呼ぶのは「源の野郎」「八の野郎」であった。「源の野郎一寸《ちょっと》こい」と地主に呼ばれれば、彼は何をさしおいても「源の野郎ただいま参じました」と土の上に両手をつくのであった。野郎呼ばわりは、即ち奴隷呼ばわりであった。升崎も最初は野郎呼ばわりをされていた。彼の場合は源でも八でも外でもなく〝バテ〟と呼ばれた。キリシタン・バテレンのバテであった。侮べつと排他的な憎しみをこめた呼称が即ち〝バテの野郎〟であった）

この噂を聞いたOは、かつては升崎に門前払いを二十四回も食わせて面会を拒絶したのであったが、この時ハッと良心に目覚め、内心の苦しみに耐えかねて、斐伊川のほとりに来て見ると、血みどろになった小さな男が、川岸に這い出て顔の血を洗っているところであった。「オ

メェー（お前）ステパノだノオー、オラは恥ずかしいダ」と小さい声でOはつぶやいた。久し振りに聞く〝ステパノ〟というキリスト用語は、升崎にとってはこの上もなくなつかしく、傷の痛みを忘れさせるほどの嬉しい言葉であった。

Oは自分の地位と立場上、これまでそのキリスト信仰をひた隠しに隠していたが、この日から升崎の最もよき協力者となった。

（ステパノのことは使徒行伝7の54から60に記されている）

## 郵便配達夫となる

こうした迫害と苦難の中にあって、升崎に一つのインスピレーションが来た。「農村伝道の第一歩、それはその地域社会に奉仕することでなければならない。〝知るということは、愛することの始まり〟だといわれるが、事情をよく知り、土地の人と親しくなり、そして地元の人々から尊敬されなければならない」と彼は悟った。そこで彼は地域社会をよりよく知るために、自ら志願して村の郵便配達夫となった。

「郵便屋さん、何て書いてあるか読んで下さい」「すまぬが返事を書いて貰えまいか」というわけで、彼は常に鞄の中に矢立てを入れ、葉書、巻紙、切手までも用意して、文字を知らない村人のために代読もし、代って返事も書いてあげた。時にはこの郵便配達夫は、奨励者、慰藉者《いしゃしゃ》、伝道者と早変わりし、人々の身の上相談にも応じた。こうして村人の一人々々の事情も、一軒々々の問題も、彼には手にとるように分ってきた。

「親切な人だ、何でも知っている、英語も料理も裁縫も出来る。絵もなかなかうまい」とこれまで白眼視していた村人も、徐々に彼に対する態度を変えて行くのであった。

島根県のY郵便局は、海抜千メートル以上の山々をもつ伯耆《ほうき》、出雲、安芸《あき》の国境を集配区域としていた。船通山の西麓を西北に流れて宍道湖《しんじこ》に入る斐伊川は、八岐《やまた》の大蛇《おろち》の伝説にある昔の簸《ひ》の川である。素戔嗚命《すさのおのみこと》が櫛名田姫のために八岐の大蛇を斬ったという伝説のある村落から、船通山（海抜一一四三メートル）の北を東に越えると、県違いの鳥取県阿毘縁、下阿毘縁という村落があるが、この間山路十二キロメートルが升崎の集配区域であった。

ある日彼は阿毘縁までの電報を届け四メートルの積雪を踏みつゝ、峠を島根県に向かって越えたが根子岳まで来た時、道を失ってしまった。すでに日が暮れており、先に通った人の足跡が、猛吹雪のために消されてしまったからである。仕方なく、勘によって峠を下って行くうちに、新らしい足跡を雪の上に見付けた。彼は急に勇気百倍、その跡についていった。がしかし、少し進むと、この足跡の歩幅が彼の歩幅よりもずっと大きいことに気づいた。雪明かりにしゃがんで調べて見ると、はっきり五本の爪痕まで見えるではないか――。

「ひやっ！　こいつは熊だ！　熊の足跡だ――」

彼は背筋がゾオーッと冷たくなるのを覚えた。そして向こうを見ると、つい十メートルほど先の処に四十貫もありそうな真黒な大熊が、白い雪の上に足をふんばり、ななめ上からジィーッと彼を見下ろしているではないか。彼は余りの驚ろきに腰が抜けたようになり、雪の中に動けなくなってしまった。この時はもうきれいなお祈りの言葉など口に出てこない、彼はただ、

「神様々々々々々々々々」と口の中で繰り返し叫ぶのみであった。そのうち身体が何だか熱くなって来た。多分熊が自分の上に馬のりになっているのかも知れない、と恐る恐る目を開けて見たが、熊は何処にも見当らなかった。そこへ三人の猟師が熊を求めて下から上がって来て、彼に出会い、その無事なのを見て驚いた。この熊は、大雪で食糧を得られないままに里に降り、農家に住む牛二頭を倒した獰猛な熊であった。やがてこの熊も三人の猟師に仕止められた。

## 山の烏に養われて

その頃のこと、村の産土神《うぶすながみ》である伊賀嶽神社の社殿造営が竣工して、遷宮が行われることになった。その頃Ｏは自分の信仰の立場を明らかにして、宮総代と寺の壇徒総代の双方を辞職していた。そしてこの度の遷宮費の割当にも頑として応じなかった。遷宮費の使途は何処も同じこと、馬鹿さわぎと、世話人や顔役の酒食費であったからである。Ｏの割当額は村最高の千四百円（今の約五十万円位か？）であった。その他にも升崎によって導かれたキリスト信徒達は、一人残らず「我らの拝すべき神、我らが献物をすべき神は唯一人しかいまさぬ」と言って絶対にその割当に応じなかった。問題は当然予想されたコースを通って紛糾して来た。

「神社のことに反対するのは、敬神崇祖の我が国の美風をそこなうものである。こともあろうに出雲大社のお膝下で、国賊的な言動は絶対に許せない」と世論は硬化してきた。人々はどうしてヤソ退治をしようかと協議を繰り返した。

結局キリスト者を全部〝村省《はぶ》き〟にすることにした。村省きとは村八分のことで、村の共同体より絶縁隔離することである。ひどいと言ってもこんなひどい制裁はない。人権蹂躙を叫んでも、信仰の自由を訴えても、通用しないのは村の人達である。村八分が次第に嵩じて暴力まで用いられるようになった。Oはじめ少数の信徒は敢然と抵抗したが、風当りの最も強いのは升崎であった。また二人の信者の小作人は「ヤソ教には田を貸すわけにはいかぬ」と地主から田地を取り上げられてしまった。「バテを追放せよ」とのスローガンは、折角信仰を求めていた人々を縮み上がらせ、娘を持つ親達は、娘の縁談のこわれることを恐れた。大社教のS管長を迎え〝神社問題と宗教〟という講演会を開いたのもこの頃のことであった。

しかし、信徒の信仰はますます燃え上り、誰一人として志をひるがえす者はなかった。信徒一同は、村の一角にある藤ヶ瀬山の城趾に登り、幾夜も焚火をたいて徹宵《てっしょう》の祈禱会を続けたが、誰言うともなく、この会はゲッセマネ会と名付けられた。

ちょうどその年の八月のこと、豪雨で斐伊川が氾濫し、田畑が流されて、明治二十六年以来の凶作となった。その上、村には赤痢が流行し、患者十三人のうち八人が相ついで死んで行くという不祥事件がおきた。

「化物屋敷で狸と平気で暮していたバテの野郎だ。八寸蝮の巣の中で、平気で寝ていたバテ糞だ。きっとバテの法を使ったのだ。藤ヶ瀬山で毎晩呪《のろ》いの祈禱をしているというではないか」

「バテの野郎が遷宮のことにケチをつけたので、出雲の神々がお怒りになっているのだ」

「素戔嗚命以来初めて斐伊川がけがされたのだ」

「イヤ奴らは斐伊川に毒を流した」

〝一犬虚に吠ゆれば万犬実を伝う〟とはこのことであろうか。ついに一揆暴動がおこり、彼らは筵旗をたて、竹槍をもって押しよせようとした。警察は村人の恐怖と、憎悪と呪咀《じゅそ》の的である升崎をひっくくり留置してしまった。これは或る意味での保護検束で、このために升崎は竹槍で蜂の巣の如く刺される憂き目より免れることが出来た。警察では升崎を何度訊問しても、不法についての確証は一つもつかめず、この上は暫くどこかに身を隠してほしい、と彼に哀願するのみであった。

升崎も〝今は止むなし〟と出雲と備後《びんご》との国境にある小鳥原《しとどばら》に当分身を隠すことにした。

小鳥原はY村から二十キロメートルばかり離れた炭焼部落であり、そこには九州筑豊炭田から、職を求めて移住して来た人々が何軒か住んでいた。その中に、昔キリストの話を聞いたことのある者が数名いたので、彼が難を遁れて来たことを知り、喜び迎えてくれた。升崎は彼らの中に入りこみ、寝食起居を共にして、炭焼きの業に励んだが、思いは常に伝道地Y村に馳せていた。任地を離れて幾十日、里より早い山の紅葉は、満山を錦繍の装いにかえていたが、この時彼はふとクォーヴァジス（主よ何処へ）の物語を思い浮べた。そして祈った。

「主よ、お赦し下さい。僕《しもべ》を再びY村にお遣わし下さい。任地ローマに帰り、雄々しく十字架についたペテロの如く、僕にもY村のために命を捨てさせて下さい」と祈った。

祈り終って彼は、Y村で十字架につく覚悟を決めた。そして泣いて止める小鳥原の人々に別れを告げて出発したのは、その年の十月二十三日、寒さの訪れの早い中国山脈の奥地に、夕靄の立ちこめる頃であった。Y村へは真夜中頃に着くようにと彼は山路を急いだ。幾つかの峠を越え、危い谷川を渡り、人一人通らぬ山峡を、故郷ならぬ、死場所を求めて、彼は帰り行くのであった。夜の十時頃、難所大馬木の獅子ヶ鼻に達した。峠はそこから下り坂となり、あと八キロばかりでY村である。中天にかかる月の光の中に、模糊として拡がって見えるY村の盆地。彼は、イエスがエルサレムを望んで嘆かれた時のことを思い浮べた。

〝噫《ああ》エルサレム、エルサレム、預言者たちを殺し、遣されたる人々を石にて撃つ者よ、雌鶏の己が雛を翼のうちに集むる如く、我汝の子どもを集めんとせしこと幾度ぞや、然れど汝らは好まざりき〟（ルカ伝13の34）

この時彼は危険を予感した。数名の話し声が山の上から聞えた。肘まがりの道を曲った途端、彼は藤蔓《かずら》で足をからまれ、崖縁から投げ落された。そこまでは覚えていたが、後は意識を失ってしまった。

翌日早く、意識が回復すると、全身の打撲傷で血まみれになり、通称〝千畳岩〟といわれる十数メートル下の断崖に蹴落されていたことがわかった。左手の骨は折れ、腰は疼痛のために起き上ることすら出来ない。打ち処が悪ければ即死していたであろうし、もう十センチも強く投げられていたら、千畳岩の下を流れる深淵の中に落ちこんでいたかも知れない。彼は余りの重傷に身動きも出来なかった。救いを求めても、通りかかる人もない。這うこともかなわぬ彼は、全身の痛みと苦痛に幾度も失神した。エリコの途上盗賊に襲われた人もかくやと思われるほどであった。しかしよきサマリヤ人は、ここには現われなかった。

身動きも出来ぬまま、その日も暮れた。水一滴も口にすることが出来ず、飢と渇きで目がまわり、声もかすれて出なくなった。明けて二十五日、雨が降った。全身濡れ鼠、飢と激しい痛みの上に、なお寒さが加わった。それはちょうどダンテの神曲の八寒地獄そのままであった。

ふと頭をもたげると、断崖の一角に野生の山柿が、熟した実を鈴なりにつけているのが目にとまった。焼けつくような飢餓が迫ってくる。彼はようやく動く右手右足で、数時間かかって山柿の木の下あたりまで這いよることが出来た。しかしいかんせん、それ以上這い上ることが出来ない。彼は熟柿を見上げながら、生つばを飲んでいた。

この時数十羽の烏が群れてきて、山柿の樹にとまった。すると熟柿が何十となくバラバラと彼のまわりに落ちて来た。彼は身体を動かさずに柿の実を拾って食べ、飢と渇きとをいやしたのであった。

預言者エリヤを烏が養った、という故事は、三千年昔の旧約の物語たるに止まらず、升崎の身の上に今起こった。エホバエレ（神備え給う＝創世記22の14）、神はここにも在し給う、という感激を彼は味わった。

キキ、キキキ、と野猿の声がする。藤蔓にぶら下り、岩につかまって野猿の群が絶壁を登って行くのが見える。よく見ると、所々に三十センチほどとび出した岩の端々が見える。これを伝って登れば、肘まがりの道に出られる。やっと動く右手右足で倒れた木の上を這って、石のステップに足をかけ、それに勇気を得て次々と手がかりを求め、足がかりを探し、人の通る路上に身を横たえた時は、彼は精も根も尽き果てて、全く失神してしまった。

意識を回復した時、彼は十キロほど南の広島県油木町のSという外科病院の一室にいた。

二年前の夏のこと材木を積んだ荷車の馬が、獅子ヶ鼻に来た時、日射病で倒れた。ちょうどそこを通りかかった升崎は、自分の冠っていた麦藁帽で、遠い処から湧水を汲んで、何十回となく往復し、馬に水を飲ませたり、水をかけたりして助けたことがある。

その馬方がここを通りかかった。一人の男が血まみれになって倒れている。何だか見覚えのある人のようだ、馬方は彼を介抱しながら思い出した。「馬が倒れた同じ場所に、今度は馬を助けてくれた人が倒れている、まだ息があるようだ、ともあれ医者のところへ運ぼう」と馬方は人事不省の升崎を油木町まで荷車にのせて行って、手当をしてくれたのであった。

# 諏訪山の浄火

島根県某郡の郡会議員Aは、四十軒の小作人を持つ大地主であり、高利貸でもあった。だから彼は金力、権力併せ持つ土地の利《き》け者であり、顔役でもあった。借財の返済されぬ時には、彼は遠慮会釈もなく、今日なれば人権蹂躙とも思われるような取り立て方法を講じた。一例をあげれば、債務者の妻や娘を抵当として連れ帰り、無償で働かせることなど茶飯事だった。人は彼をよんで〝鬼権〟といった。〝鬼権〟という仇名の通り、彼は他人からも身内一族からも恐れられた存在であった。

このAが、神のほかに権威を認めないキリスト教徒、殊にその首魁である升崎を憎悪していたのは当然であった。前述の迫害や悪さも、その多くはAにそそのかされた村の警防団や青年団の人々の仕業であった。

Aの息子Bは、Y村小学校の教頭で、Bは父の権力の故に、学校では校長以上の権勢を振るっていた。毎月曜日の朝礼には、何時も校長をさしおいて壇に上り、

「昨日ヤソ（註＝日曜学校のこと）に行った者は正直に手を挙げよ、正直にあげんと後でこわい目にあわせるぞ！　よし、今手をあげた者は前へ出よ」

と言った。教室でもBは同じことを繰り返した。或る時のこと、Bは前の日に習字の練習をした硯の残り水がバケツに入れてあるのを、他の生徒に命令して墨丼に入れさせ、その墨丼を日曜学校に行った生徒に目の高さに持って立たせた。生徒は手がだるくなる、すると墨丼が傾いて中の墨汁が着物の上に流れる、彼はワッと泣き出すと、他の生徒達がドッと笑う。

そんなことがあって升崎の日曜学校にくる生徒も、日に日に少なくなってしまった。

この地方ではチブスの流行がよくあるので、人々はチブスを大して恐れていなかった。しかし滅多に流行しないコレラを恐れることは非常なものであった。コレラは激しいあげ下しの末にころりと死ぬので、一名コロリとも言われた。ところがこともあろうにAがコレラにかかり、コロリと死んでしまったのである。伝染病による死者の土葬は法律では許されておらず、火葬にしなくてはならない。しかし恐れられ、憎まれていたAの屍体を焼いてくれる者は一人もいなかった。死後三日になるというのに、屍体は諏訪山という丘の上に、棺桶に入ったまま野ざらしにされていた。一番困ったのは家族と役場と駐在巡査である。

或る日、升崎は役場の前に貼られている一枚のポスターを見た。そこには「急ぎ人夫入用、特殊仕事、報酬日当五円、清酒一升」と記されてあった。彼は通りかかった役場の書記Mに理由を聞いて、それと知った。諏訪山に烏が群れてしきりに鳴いているのは、そのためであった。

彼は過ぎこし方を振り返って見た。そしてAが可哀そうになってホロリと涙をこぼした。そしてその涙の後に「主イエスだったらこの場合どうなさるだろうか」と考えて見た。Aも人の子、神の子の一人だ、四十戸に余る家の子達にも、家族にも見離され、野ざらしにされて鳥に狙われていると思えば不憫が先に立つ。升崎は役場の書記に言った。

「私に焼かせて貰えまいか、わしは何も報酬は要らん」

「先生、それ本気か、先生はあの男に目のかたきにされ、一番苦しめられて来たのに――」

「何も言うてくれるな、わしはこの仕事をしたいのだ」

その日の夕方、升崎は薪二十束と石油一罐とを役場から貰い受け、役場の小使と一緒に山に出かけた。途中で小使は「急に腹が痛くなってきてもう動けない」と仮病を使って下山してしまった。

人間の体はそう簡単に焼けるものではない。升崎は屍体をあちらに転がし、こちらに転がしいろいろと苦心して焼いた。夜通し働いて、東天の白む頃やっと全部焼き終った。新らしい朝が来た。ああAは死んだ、あれほどの富と権力とを持ち、そして自分を迫害し続けたAも、一握りの灰となった。彼の霊魂の救いを祈ろう、と升崎がひざまずいて祈禱していた時、ふと目をあげると骨壺を持ったAの息子のBと、花と線香と水とをたずさえた数人が近づいて来るのを見た。そして少し離れた処に立ち止まり、しきりにこちらに向かって拝み始めた。近くに六地蔵が建っているので、その地蔵を拝んでいるのだろう、と升崎は思っていた。ところが彼ら

は升崎外彦を拝んでいたのであった。升崎が彼らに近づくと、Bは地面に両手をつき、

「先生！　赦して下さい」と言ってワッと泣き伏した。

「火は総てを浄めると言います。お父さんも清められました」

升崎はそう言った。Aの家族は間もなく悔い改めて主イエスの弟子となり、殊に息子のBは最も忠実かつ強力な信徒として升崎を援《たす》けることになった。

## 大臣接待

「Y村へ大臣様がくるそうな」

「その大臣は鉄道大臣で、華族様やそうな」

「何でも鉄道チュウものをつけて下さるそうな」

村は大さわぎとなり、その噂でもちきった。大臣を接待する料理屋を何処にしようかと考えたが、この山村では木賃宿兼料理屋が一軒あるきりである。そこで仕方なく、村一番の素封家であり、名望家であるOの宅に願うほかに道なく、村の世話役たちはOに頼んだが、Oは頑として受けなかった。

Oの拒絶には一つの理由があった。それは或る年、軍隊の演習がこの地であり、Oの邸宅は軍旗と連隊長以下十数名の高級将校の宿舎となった。軍隊が泊まれば、どこの家でも歓迎し、色々ともてなすのが、軍国主義華やかなりし頃の風潮であった。しかしOは信仰に基づくその主義信念から、御馳走はしたが、酒は一切供しなかった。軍人は酒を出されなかった腹いせに、畳を軍刀でずたずたに切って立ち去ってしまった。

これ以来Oは外来の客には、一切その邸宅の提供を断り続けて来たのであった。村民代表はOに言った。

「華族様の鉄道大臣のお泊まりだ、村も光栄だし、あなたのお宅も名誉ではないか。是非頼む。あなたの主義をまげて、酒も出してほしい。酒代は村で負担する」

「私は酒代をどうの、こうのと言うのではない、大臣であろうが、皇族であろうが、酒は絶対に出さぬ。料理も簡単なものを差し上げる。それでよろしければお引受けするが、お気に召さねば、どうぞ他の処にお願いする」と答えた。

Oと村当局との間に、とうとう升崎が出なければならぬ破目に立ち至った。Oは升崎に苦衷を訴えた。

「よろしい、宿舎と接待とを引受けなさい、私は酒一滴も出さないで、大臣一行の饗応を充分満足いくように引き受けましょう」

Oは少々不安ながらも、期するところがあり、

「接待、饗応、宿舎は引き受けるが、万事升崎先生に一任したから、彼と相談してほしい」

と村当局に回答した。

驚いたのは村のお歴々。あの変り者何をしでかすかわからぬ、千載一遇のこの時に、取り返しのつかぬことになっては、と心配の余り「万一の場合どうしてくれるか」と升崎につめよった。彼は、

「私は武士の子だ、失敗したら腹を切る。しかしその心配は絶対にないから安心されたい。大臣は世界中の御馳走を食べているから、何を食べてもおいしくない。Y村で整う材料だけで、純粋の田舎料理をする。客席には無論芸妓や仲居等は侍らせない。給仕は村の女子青年に頼み、酒は絶対に出さない」と答えたが、村人の不安は依然去らなかった。

六月六日、待ちに待った大臣一行が物々しくY村にくりこんで来た。沿道には莚を敷きつめて、大臣様を拝もうと早朝から坐りこんでいる人で一ぱいであった。一行は小学校に設けられた歓迎会場に望み、夕方五時頃宿舎Oの宅におちついた。

大臣一行は縁側に敷かれた座蒲団の上にあぐらをかき、升崎の手料理、諸羊羹《いもようかん》にあけびの茶をすすりながら御満悦の様子。村長始め村の有志たちは固くなって、土下座せんばかり。その対照の奇異なこと。紺がすりの小ざっぱりした着物を着た村の娘たちが給仕に出た。その献立は、

一、たらの木の芽の味噌あえ
一、こぎの塩焼（ヤマメの一種）
一、鯉の卵まぶしの刺身
一、はんざき（サンショウウオ、古世代の遺物）の味噌汁
一、デザート、大川草苺（山野に自生）の山羊乳かけ
当夜陪席の栄に浴した村長、県会議員、その他は、この簡素極まる手料理に唖然とし、更に大臣の御機嫌如何がとはらはらしていた。しかし大臣は破顔一笑、献立の一々を珍らしがり、

「私は日本各地はもとより、外国へも度々旅行したが、今日ほど嬉しく思ったことはない、これこそほんとの料理だ」と口を極めて賞《ほ》めそやした。一県会議員が恐る恐る一部始終を語ると、大臣は、

「升崎先生とはどのようなお方ですか？　今夜ここにお見えですか？」と聞いた。

「キリスト教の牧師さんです」と答えると、大臣は一そう喜んで、升崎とさし向かいで、その夜は長時間、四方山の話に打ち興じ、感謝の言葉を繰り返した。

帰京後も、奉書の巻紙に直筆で細々と、たらの木を見るたび毎にY村を憶い起こす、と升崎に礼状をよこした。

## 掛蒲団に隠された聖書

升崎が村に入ってから六年目のこと、或る真夜中に眠っているところを起こされた。「話は後でするから、ともかくこの駕篭に乗って頂きたい」と使者が言う。事情はわからぬが、言われる通り駕篭に乗った。垂れは下ろされた。暗黒の山路に提灯がただ一つ。駕篭の側には四、五人が付き添い黙々と道を急ぐ。行先も、用件も、一切わからぬままに升崎は「これは新手のヤソ退治かも知れんぞ、何処か遠い山の中か、谷底へでもワシを捨てるかもわからない」と少々不安になって来た。当時はまだ彼に対する迫害が熾烈で、手を変え品を変えてあくどく繰り返されていた時だったので、彼がそう考えたのも無理からぬことであった。

駕篭は止まった。そこはこの村一番の旧家S家の玄関であった。狐につままれたような気持で升崎は一室に通された。当主の語るところによれば、

「娘の香代の命が旦夕に迫ったので『何か望むことはないか』と聞くと『ヤソの先生に会わせてほしい』と言って、どうしても聞かぬので、深夜誠に申しわけないが、お出で願った次第、どうか死にかかっている娘に会ってやって下さい」とのこと。

ヤソの先生が名門のS家の門をくぐったとあっては、家名を汚すと恐れ、〝町から医者を迎

えた〟という体裁を装い、夜陰ひそかに彼を呼んだのであった。当時駕篭は高貴の人のみが用いる、この地方最上級の乗物であった。

S家の愛娘《まなむすめ》香代は、奈良女高師に学んだ才媛。在学中に幾度かキリスト教の話を聞いたことがあったが、詳しく聞きたいと思ううちに、いつしか胸を患い、学業半ばにして帰郷、病状ははかばかしくなく、命旦夕に迫るに及んで〝何とかしてキリスト教の先生に面会して死にたい〟と願っていた。

話は前にさかのぼるが、村に帰って間もないある日のこと、駕篭に乗っていた香代は村の小川にかかっている蹴おとし橋を通った時、一つの出来事を見たのであった。

蹴《け》おとし橋というのは丸木を組みたて、その上に土を載せただけの粗末な橋であった。その橋の真中に大きな穴があいていて、夜分など通行に危険であった。

升崎は誰に頼まれたのでもなく、大工道具を持ち出し、橋の下からこの橋の修繕に没頭していた。下から上向いて打つ釘はとても打ち難かった。そこへ通りかかったのは、肥桶をかついだ一人の村人。橋の下に誰かがいる、よく見ればヤソ坊主だ。「よしやってやれ」とばかり肥桶をわざと傾けたので、彼の頭上には、橋の破れ穴から洩れた糞尿がまともに降りかかって来たのであった。「何するんだ――」と彼は手に持つ金槌を振り上げてどなろうとしたが、口にまで汚物がいっぱいつまって声が出なかった。その瞬間ハッと気がついて、

「おお主よ、お恥しうございます、神より遣わされた伝道者が、こんなことくらいで腹を立てて申しわけありません、お赦し下さい」と胸に両手を組んで祈っていた。その時駕篭に乗った香代はそこを通りかかり、その姿を見たのであった。そしてこの事件は、感じ易い少女に、深い感銘を与えたのであった。

重態であるというのに香代の気持はしっかりとしていた。彼女は単刀直入に救いの要点を彼に質問し、彼もまた福音をわかり易くとき明した。あれほどの迫害に遭いながらも、村を逃げ出さないキリストの先生！　頭から糞尿をぶっかけられながらも、腹を立てずに祈っている先生！　その先生をかくあらしめている秘密がわかって見れば、彼女はもう何のためろうこともなく、「先生、私は信じます。どうか今日只今、私に洗礼をお授け下さい。そうして安心して神様の御許に行かせて下さい」

と願った。彼女の最期の願いに応えて、升崎は枕頭に置かれていた洗面器の水で〝父と子と聖霊の名によって〟香代にバプテスマを施した。

心に平安を得たためか、香代はその後ぐっすりと眠ることが出来た。目がさめれば、とても気分爽快である。今までになかった食欲も出て来た。今日は死ぬか、明日は駄目か、と自分も思い家人も思っていたのに、どうしたことか香代は日一日と元気を取り戻し、身動きさえも困難であった病人が、床の上に坐るようにまでなった。そしてついには全く病を忘れて外出さえできるようになった。

家人の喜びは絶大であった。主治医も親類も皆喜んだ。わけても香代自身の喜びは格別であった。一度は死をも覚悟していた自分であっただけに、癒やされて再び仰ぐ青空、胸一杯に吸う大気、かみしめる飯の味にも、今までになかった感謝と喜びとが彼女の心に溢れるのであった。香代はこうして肉体が癒やされたのみでなく、その魂も完全に救いを体験していたのである。

香代は心に溢れるこの喜びを語らずにはいられなかった。

「S家の嬢《いと》はんがヤソの話をする」

「香代さんがヤソになったらしい」

このようなうわさは、村人の話の種となった。升崎の入村以来、キリスト教を迫害し続けてきたこの村で、こともあろうにS家の香代がその仲間になった、ということは由々しい一事件であった。

S家は代々熱烈な日蓮宗の信者であったため、両親は香代の信仰を人の前に恥じ、先祖に詫びた。そして彼女に対して信仰を捨てよと嚇《おど》したり哀願したりするのであった。しかし香代の決心は固かった。思い余った両親は、日蓮宗の僧にこのことを相談し、また或る行者にも話した。行者は「それは狸がお嬢さんについているからだ、燻《いぶ》し出しましょう」と申しでた。そこで行者と家人とはよってたかって香代をおさえつけ、松葉で燻し悶絶させてしまった。

「これでよろしい、御加持と松葉の煙で狸は離れたと思う。苦しんでいるのはお嬢さんでなく、憑いていた狸の悪霊ですから、苦しめば苦しむほど霊験はあらたかです」との言葉を残して行者は帰って行った。

香代の肉体はこのことのために急速に衰えていった。しかし無知な人達は、狸を追い出すとて毎日の如く病床の彼女をさいなんだ。「ヤソを捨てよ」との要求に対し、彼女の答えは何時も「死んでも捨てません」であった。彼女は心に何物かを期していたかの如くであった。〝キリストの御名の故に責められる者の光栄〟を彼女は心から感謝していることを、家人は理解することが出来なかった。

「狸ならあれだけ燻したら、もう出る筈だ。狸でなければ狐か、そうだ、そうだ狐だ、狐も狐、稲田のヤソ狐だ」と家人や近所の人々は言った。

この事件のため、升崎は更に村人から憎悪され、一方、香代も土蔵の中の座敷牢に幽閉されてしまった。そして幼い時からついていたふさのという婆やが身の廻りの世話をするほか、誰も彼女の側に寄りつく者がなくなってしまった。

その年もおしつまった十二月三十日の朝八時頃、婆やは何時ものように手洗盥《たらい》に湯を入れて、香代の処に持って来た。香代は床の上に正坐して手を合わせて祈禱しているので、湯を傍において引退った。九時頃、今度は朝飯を持って香代の処に行ったが、前と同じ姿勢である。

「今日はお嬢さんのオガン（お祈りのこと）えらい長いナァー」と一人言を言いながら朝食をそこに置いて外に出た。十時頃また香代の処に来たが、香代は同じ姿勢であった。おかしい、と思って傍によって見ると、香代の身体はもう冷たくなっていた。たまげた婆やは二メートルも積もった雪の中を転ぶようにして母家《おもや》にかけこみ、急を告げた。医師の診断では、息を引きとってから約五時間を経過している、ということであった。

病状が悪化しても医師にも診て貰えなかった彼女、憎まれ捨てられ、優しい言葉一つかけて貰えなかった彼女、そしてその臨終には死に水もとって貰えず、一人寂しく死んでいった彼女。それだのにその死に顔の何と平和で、崇高であったことよ。

家人はこの時初めて熱い涙でほほをぬらし、可哀そうなことをした、と悔いた。哀れな香代よ、薄倖の娘よ、と両親、縁者、知人の歎きは仲々に納まらなかった。バテは生肝をとると話に聞いていたが、このことをいうのであろうかと、一同は稲田のヤソに更に深い恐れを感じた。二度とヤソ狐にこられぬように、また死んだ娘への追善供養のために、S家では雲南地方十三ヵ寺の僧侶を総動員して、村始まって以来の盛大な葬儀を営んだ。目を眩《くら》ます華やかな緋の衣、数十本の大きな緋傘の行列、ヤソ調伏《ちょうぶく》の読経、続いて行われる大がかりな仏事の諸行事は、みな反升崎デモであり、彼に対する恫喝であり、憎悪の意志表示であった。香代の戒名は〝真美院殿日静大姉〟と記された。

香代が死ぬと附添いの婆やに当然お暇が出た。ふさの婆やは香代の使っていた絹蒲団を片身の一部分として貰い受け、或る日その蒲団を洗濯しようと思ってほどいていた。すると掛蒲団の中から一冊の大学ノートと、バラバラに千切られた本とが出て来た。字の読めない婆やは早速それをS家に届け出た。本は新約聖書の一部で、家人から取りあげられる前、それと知って蒲団の中に隠して読んでいたものらしい。大学ノートは香代の病床日誌ともいうべきもので、死ぬ二日前までのことがくわしく書かれていた。そしてどの頁もどの頁も、両親のため、兄弟のため、親族のため、友人知己のため、また出入の人ひとりひとりのための愛情に溢れる祈りの言葉で満たされていた。また神を崇めて讃美する喜びの言葉がいっぱい綴られていた。そして恨み言や愚痴などは一言も書いてなかった。読んでいるうちに、近親の人達は、とめどなく流れ出る涙で頬を濡らした。石のような頑固な心も、香代の聖愛の前にはいつしか溶けざるを得なかった。近親の人達の考え方は一変した。この上は香代が命がけで守り通した信仰に適う葬式をしてやろう。行きがかりも面子も捨てて肉親達はただ香代の霊の前に泣いて詫びた。かくて二度目の葬式が営まれることになった。

「香代さんをもう一度墓から掘り出して、ヤソで葬式をやり直すそうな」

「何でも香代さんを裸にして、はりつけ柱に釘で打ちつけるそうな」

そんな噂やデマが村人の口から口へと流布されて、葬式のやり直し、前代未聞のヤソの葬式というので、その式場は早くから遠近各地の人々で埋まった。

式場の正面におかれた新しい大きな十字架の墓標には、

〝人に棄てられ神に愛せられたS香代の墓〟

と書かれ、その裏には、

〝一粒の麦地に落ちて死なずば唯一つにて在らん、もし死なば多くの果を結ぶべし〟

という聖書の一句（ヨハネ伝12の24）が記されていた。葬儀は勿論升崎が司式した。しかし彼はそこでは一言の説教もせず、ただ香代の日誌の一節々々を読んでいった。升崎はところどころ、胸がいっぱいになり、ことばがとぎれるのであった。

二月二十六日、裏日本に面した中国山脈の麓は積雪二メートル、見渡す白一色の中に佇立する数百人は、香代のはりつけ姿を見ようとして集まったのであるが、期待した光景をそこに見ることが出来なかった。しかし彼らはそれ以上のものを見た。

羽織袴に威儀を正したS家の一族十一人は初めから泣いていたが、式半ばに立ち上がり、

「香代を殺したのは私達なのです、私達の無知と迷信はこの美しい心の持ち主を殺してしまいました。私達は心から悔い改めて、香代が生前命がけで守り通した信仰を称《たた》え、香代を救って下さったキリストを、今回只今より信じます。このことを全村民の前で誓います」

と宣言したのであった。寺からの破門も、村八分も、彼らにとってはもう問題ではなかった。

やがて十一名の洗礼式が升崎の手で行なわれた。こうして一粒の麦となって死んだ香代は、升崎のY村宣教の進展にとってキーポイントとなったのである。

## 主の御名はあがめらる

このようにして、升崎の信仰と徳とは漸く全村を感化するに至り、近村にまで及んだ。彼は口よりも手、弁よりも足の人として、村人の共同作業を奨励し、疲弊していた村落に農村副業を教えて廻った。そのため村は生産的にも富んできた。升崎は、信愛産業組合、禁酒会などを起こし、相愛幼稚園及び山間にまれな実科女学校、病院等を、後援者の協力を得て建設し、ついに七間に十一間の、当時の時価で工費二万七千円もする堂々たる大教会堂を打ち建てた。会堂の塔に備えつけた〝時の鐘〟は、彼が禁酒禁煙運動中に採取した煙管パイプ類の金属類を材料としており、佐藤定吉工博の尽力により、美術学校の鋳造科で造られたものであった。鐘銘には〝労働に送り、休息に迎え、祈禱を促す〟と彫られていた。これが村の標準時計となった。

村人が中天高く輝く十字架を仰ぎ、この時鐘を聞く姿を或る新聞記者は、スコットランドの宗教村もかくやあらん、と報じた。

〝ローマは一日にして成らず〟といわれるが、以上列記した事業の成るまでには、叙上の如き、彼と彼をめぐる同志の十字架の苦難があった。

かくて升崎のY村に於ける教化運動は漸く形を整え、教育事業もその実を結びかけた時、彼がこの村を去らねばならない事情が起こった。

当時の救世軍に定められた憲法、即ち軍令軍律には〝一伝道者は一定の場所に長年月定住する〟ことは許されなかった。伝道と社会事業とを、一人の人物が兼ね得ないことになっていた。しかるに彼は、地域社会に対する伝道面と、救済面とを併行する必要を痛感し、本営の命に従わず単独で遂行した、ということは定められた軍令軍律に違反する行動であった。

郡長と三ヵ村の村長とは連名で彼の留任を時の司令官に求めたが、救世軍軍律の認容するところとならなかった。

彼は村を去った。村民は涙と感謝をもって彼を送り、その惜別の情は骨肉以上であった。

農村伝道の使命を痛感していた升崎は、やがて救世軍にも辞表を呈出し、恩愛の絆のたちがたきものがあったが、泣いて引き止める山室軍平とも別れた。

彼はその後兵庫県瓦木村に賀川豊彦を訪ね、杉山元治郎と語り合った。農村伝道に使命を感じていたこの二人の人物は、イエス・キリストにより渾然融和、一つに結びつくことになった。

## カルバリ山を仰ぐ父

ここに升崎の父について書かねばならない。我が子を異教の手に奪い去られた父は、その憤懣やる方もなく、何とかして我が子をヤソの手より奪い返そうとした。そして先ずその手始めに、キリスト教の弱点を突こうと志した。

父は書斎に引きこもり、聖書を手にとり、破邪顕正《はじやけんしょう》の意気ごみで、この書物と取り組んだ。先ずマタイ伝一章から読み始めたが、さっぱり何のことかわからない。人に聞くのも業腹、読んでは考え、考えては読み、四章まで進むのに三年もかかった。こうして父はとうとう新旧六十六巻の聖書を何度も読み返し、わけても息子を拉《らっ》し去った救世軍の山室軍平の名著〝平民の福音〟は、ボロボロになるまで読み、暗誦するほどになった。

父が驚き怪んだのはイエス・キリストの人格であった。〝人にして神、神にして人なるキリスト、我が日夜尊崇し奉る親鸞上人とは比較にならぬ、是は一介の僧侶、彼キリストは正に神の独り子〟と悟った。

「キリスト神ならば御姿を現わし給え」と父は三七廿一日《さんしちにじゅういちにち》の間、食を断ち、臥竜山鶯滝に水垢離《みずごり》の荒行を試みた。時は二月の半ば、父は六十五才であった。満願の二十一日目に、滝から上がって岩の上に坐し、掌を合わせて念じていると、白衣のキリストが彷彿として出現した。彼はその場に倒れた。

十二銭の切手を貼った（当時封書は三銭であった）長い長い手紙が、出雲の山奥にいる升崎のもとに届いたのは、その直後であった。彼はこの時病に倒れて入院していたが、看護婦の差し出すこの一通の封書は、十二年振りに見る父の筆蹟だけに、たまらなく嬉しかった。封も切らずに彼はそれをだきしめて、さめざめと泣いた。手紙には次の如く認められていた。

「……愚老儀、聖教（聖書）を破棄すること四回、御身の息の根を止める事十一回、誠に思えば鬼畜にも等しい我が醜骸を省み、慚愧に堪えず、懺悔の涙で枕をうるほす事幾十日……愚老事宇都宮書店より、金三十銭を以て聖教を買い求め、これを通読致し候共、邪心に満てる愚老には何の事か判読に堪えず、殊にマタイ伝一章は、片仮名の行列、戸籍物語、処女懐胎等に至りては笑上の沙汰も甚だしく、到底継読の気力も失せ、その間幾年か経過し候。その中に本箱より引き出し、読み居り候処、はからずも『それ我が来れるは義しき者を招かんとに非ず、罪人を招かんとて来れるなり』の一句にふれ、雷の如く霊感を感じ、愚老の頑迷の眼を開き、爾来落付きたる敬虔の思いを以て山上の垂訓に及び至り、聖教全巻を今日迄数回拝読し、真意判然せぬままに……

愚老儀、去る二月十八日愚老六十五才の誕生をきし、臥竜山篙滝に氷結を破って山篭し、三七廿一日間懺悔滅罪の誓願をたて、不思議や満願の日に白衣の聖者の姿を眼前に拝し、これぞヤソなるか……」

父の招きに応じて彼は十二年振りに懐かしの我が家に帰って行った。その日父は紋服、羽織袴のいでたちで、高貴の客を迎える如くに息子を金沢の駅頭に出迎え、人力車に乗せて帰宅、自ら案内して彼を客間に招じ、正座に坐らせた。そして自分は次の間に下って、恭々しく両手をつき、今まで勘当を命じた自己の不明の罪を謝した。升崎は思いもかけぬ父の謝罪の辞に接して呆然、暫くは夢に夢見る心地であった。

「外彦、これを見てくれ」と指す床の掛軸には〝振り向いてカルバリ山を仰ぎけり 其葉〟と父の筆蹟で墨痕鮮やかに書かれていた。父子の間には再び春が巡って来た思いで、尽きぬ話が交され、溢れるような感謝の祈りが捧げられた。

父はその余生を全く奉仕に献げ、七十一才で召されるまで働き続けた。

「愚老儀左の病気に相かかり、上顎骨癌腫、余命長からじ、帰天の覚悟も出来、ハレルヤ也、御身必ずその事に心曇らす事なく、職務肝要の事也」との手紙が父から出雲の升崎のもとに来た。暫らくして〝チチキトク〟の電報があった。彼は急いで我が家に帰って見れば、父はすでに重態で、意識は殆んど不明であった。看護をしていた升崎の叔母が、

「茂次様、(註＝父は名を変えていた)瑞玄様がお帰りになりました」

と告げると、父は半ば夢うつつの中に口をゆがめ、

「卑怯者！　帰れ、帰れ、戦いが重荷になったのか、職務は別して肝要じゃ、早く早く出雲へ帰れ」とえらい見幕で言った。升崎はその後二日間父の介抱をした。臨終八時間前、父は不思議に意識を一時回復し、外彦を見つめながら、

「外彦お前はえらい奴だ、お前はいいものを見付けたのオー、外彦礼を言うぞ、お前は俺を天国の特等席に案内してくれた大の恩人だ、外彦礼を言うぞ」

と言った。

やがて死の二時間前にけいれんを起こし、手を挙げたので、医師は臨終かと思ったが、父は
「外彦、外彦、出雲へ帰れ、ヤソのために働いて死ね。ヤソのために働いて死ね」とくりかえした。


遺言状は〝いざ鎌倉の召集状〟と筆太に記された大型の袋に入れられており、

「外彦事愚老を天国に導きし最大の恩人に候へば、葬儀万端外彦導師たるべき事。愚老儀天国に在籍の身に候へば、此の世の位階勲等等何の必要無之、必ず記入之有まじき事」

と記されていた。

従五位勲四等の栄誉も、父にとって今はものの数ではなかった。次はその辞世の歌である。

荒野なる浮世の旅も今過ぎて
父の御許に行くぞ嬉しき

# 第三部　藁草履ばきの伝道者

（紀州南部物語）

## 信仰を持って行き給え

昭和の初頭は和歌山市から海岸線に沿って紀南に走る紀勢西線はまだ開通しておらず、この陸の孤島ともいわれる紀南への交通機関としては、小さな巡航船が一つあるきりであった。

或る日のこと、兵庫県瓦木村に住む賀川豊彦を升崎は訪ねた。その時賀川は原稿を書いていたが、突然大きな声をはり上げて、

「升崎さん、紀州の南部《みなべ》という町に行って伝道してくれ給え」（賀川は前年アメリカに伝道旅行に行った時、彼の地に住む紀州南部出身の古谷福松より、自分の郷里伝道を依頼されていた）と言った。

「先生、南部という処はどこにあるんですか？」

「地図で探し給え、地図でわからなければ、摂陽汽船会社に行って聞けば分るよ」

賀川はそう言って再び原稿用紙にペンを走らせた。とりつく島もなくポカンとしている升崎を振り返り、賀川は、

「升崎さん、天幕が一張あったでしょう、それを持って行き給え。ついでに洋傘も一本持って行き給え、何かの役にたつだろう」

と言った。そして、自分のポケットや机の引出しの中から、紙幣や硬貨をとりまぜ、十三円二十銭の持ち金を升崎に手渡し、

「兄弟よ、信仰を持って行き給え、終り」と言った。

こうして升崎は、カルデヤのウルを出たアブラハムの如く〝その出で行く処を知らず〟に出て行った。神戸を出帆した船は途中暴風雨に遭い、日の岬沖で舵を故障して一昼夜海の上を漂い、一同が半死半生の思いで〝ニネベの町にはき出されたヨナ〟の如く、這い上がった処は、めざす南部の海岸であった。これは昭和二年七月二日のことである。

升崎は早速その浜辺に持参の天幕を張り、そこで自炊生活を始めた。そして漁村の子供達を集めて、海浜で学習を指導し、かたわら聖書を教えた。天幕の上が破れて雨が漏れ出したので、賀川から拝領した洋傘を天幕の真中に突きさし、雨を防いだ。

海浜の砂上での天幕生活が三ヵ月も続き、やがて夏が過ぎ、朝夕は肌寒さを覚える秋が来た。十月十七日、その日は朝から秋雨が降りそそいでいた。財布には当時の穴のあいた十銭硬貨二枚と、一銭銅貨が三枚あるきりである。彼は残り少なくなった財布の底を眺めながら、これから先どうしようかと考えこんでいた。

その時「升崎先生、升崎先生」とテントの外で呼ぶ声がした。それはこの村の小学校長の声であった。校長はいともていねいに、

「升崎先生、聞けばあなたは東京の大学も出ていられるとのこと、この村の子供達も大変先生を慕っています。今この村の小学校の先生が二人急に足りなくなって困っています。あなた誠にすまないが代用教員になって貰えないでしょうか」

と言った。

升崎はこれを承諾し、小学校の代用教員となった。おかげで一軒の家も借りられることになり、住み馴れた（？）天幕をたたんでその家に移り住むことになった。

それから三十数年を経た今日、最初天幕を張った井比の松原に近く、千坪余の敷地が徐々に与えられ、今やそこには向日荘、兄弟荘、ヤコブ庵、ルツ寮、アブラハム寮、黎明荘、頌栄館、梅光館、愛洗寮、寄暖《ヨルダン》湯、洗足湯、浩芳炊室等十数棟の建物が建てられ、その他に保育園舎と教会堂、なおその他に、国宝級の珍品や魚貝類の標本が数多く集められた人文博物館、研究室等が三棟も建てられている。神のなし給う業は実に不可思議である。その建物の一つ一つにはまた尊い記録が残されているが、最初に建った二つだけをここに紹介することにしよう。

## 向日荘《ひまわり》

升崎の働く南部から二十キロメートルほど南に白浜温泉がある。或る日、白浜警察署より一人の警官が升崎を訪ねて来て言った。

「昨夜白浜温泉の一旅館で、若い二人の姉妹が睡眠薬を飲んで自殺を図ったが、幸い両名共生命をとりとめた。しかし二人はひどく世をはかなんでいるので、先生の処で何とかお世話願いたい」

この二人の姉妹は、元大阪の一実業家の家庭に生まれたが、数年前に母が病死し、父は事業に失敗して自殺してしまった。孤児になった二人は止むを得ず叔父の処に引きとられて行ったが、この叔父はまた強欲な人であった。姉妹達の持つ父の遺産を全部とり上げてしまったのみでなく、「若くして死んだ両親の菩提をとむらえ」と言って二人を体裁よく四国八十八カ所巡礼に出してしまった。二年間かかって四国を廻り終って帰って来た姉妹に「今度は西国三十三カ所を廻ってこい」と言って再びほうり出してしまった。この二人の姉妹は西国一番の札所那智の青岸渡寺に詣で、二番の札所紀三井寺に向かう途中、白浜温泉に泊まったが、この二、三年の間に自分達の歩んで来た淋しい運命を振り返り、世をはかなんでとうとう自殺を図ったの

であった。（升崎は今までにこうした自殺未遂者を数十人も世話して立派に更生させている）

警官の申し出を升崎は心よく引受け、その姉を八ヵ月、妹を一年四ヵ月世話した。その間に疲れ切っていた心身を癒やされた二人の姉妹は、やがてキリストの救いにあずかり、升崎から洗礼を受けた。霊肉ともに救われた二人は、感謝と喜びとを持って、姉は小学校の教師となり、妹はタイピストとして赴任して行った。

やがて昭和十一年も押しつまった十二月三十一日のこと、突然二人が升崎のもとを訪ねて来て、五百円の札束を出し、「先生、これは私たちの復活再生の初穂です」と言って献げた。それは彼女達が働いて得た年末賞与の総てであった。升崎は彼女達の純情をおしいただき、その金で労禱学園の第一号建物を建て、向日荘と名付けた。向日とは一名日まわりとも呼ばれる。昔不幸な身の寂しさに泣く賀川豊彦少年を暖かくいたわったマヤス宣教師は「賀川さん、あなたの目を太陽の方に向けて涙を乾かしましょうね」と言ったことを升崎は思い出し、何時もじめじめと泣いてばかりいたこの姉妹に、「Mさん、あなたの涙を太陽に向けて乾かしなさい」と励まし続けていた。そこでこの建物を向日荘と名付けた。

# 兄弟荘

安南（ベトナム）名をウーベン、中国名を林芳玄と呼ぶ、二つの国籍を持つ一青年があった。父は安南のハノイに在住していたが、革命運動の嫌疑を受けて、彼が十三歳の時、彼の兄と共に拉致されたまま不帰の客となってしまった。彼は九歳の妹を連れて広東省の三水に遁れたが、途中妹も病死してしまった。彼は〝革命の子〟としてのヤキ印を押されたまま放浪の旅を続け、やがて豚の檻に隠れて日本に密航、さまざまな道を辿った後、近江兄弟社の一図工として働くことになった。

近江兄弟社に働くこと十年、彼は真面目に勤めていたが、次第に募り行く望郷の念おさえ難く、やがて帰国することになった。朝鮮を通って郷里安南に帰って行く途中、満州国山海関で喀血し、止むを得ず再び近江兄弟社に戻り、そのサナトリアムで療養する身となった。その時不幸にして日支事変が勃発（註＝日支事変は昭和十二年七月七日勃発）、彼は亡命者〝要注意人物〟として監視され、彼の身辺には、日々繰り返される警察の取り調べ等のため、療養に困難をもたらすことが起こってきた。

昭和十二年九月初めの或る夜のこと、近江兄弟社専務、吉田悦蔵が突然升崎を訪ねて来て、

「当方で困ったことを先生に依頼するのは如何にも心苦しいが」と遠慮しながら、「ウーベン青年を何とかして先生の手許で療養させてやってほしい」と言った。

他ならぬヴォーリス、吉田両氏の頼みとて、升崎は渋々引受けたものの、毎日執拗に繰り返される警官の取り調べと、「敵国人を先生が世話をする、我々は迷惑だ」という教会内部の非難の声とに、随分と苦労を重ねながら世話を続けていた。

ウーベンは「僕が死んだら火葬にして、飛行機の上からその灰を太平洋にまいてほしい」「僕が死んだら、南支那海に沈めてほしい」などと口ぐせのように言っていたが、息を引きとる時には「先生の造った青磁の壷に遺骨を入れて、先生のそばに埋めてほしい」（先生のそばとは、升崎が町から少し離れた猪の山という丘上に造った墓地のことであり、ここには升崎の世話になって永眠した数十人の遺骨が安置されている）と言った。昭和十四年一月二十五日、彼は「感謝です、感謝です、有難うございました。お世話になりました」と升崎夫妻に向かって手を合わせつゝ、召されて行った。

その後升崎が、彼の遺物を整理していると、トランクの中から、「我もしもの言わざる日来らば、後事をヴォーリス、吉田の両氏に託す」という一通の遺書が出て来た。升崎はその遺書を近江兄弟社の吉田のもとに郵送した。その遺書の中には「遺された金の三分の一は、日本の結核予防協会に、三分の一は、升崎の友人で北京の朝陽門外で崇貞女学校を経営している清水安三に、残りの三分の一は、南部の升崎夫妻に」と記されていた。

近江兄弟社からウーベンの遺書による金五百円が升崎に送られた。彼はこれを基金とし、労禱学園第二号の建物を建て、近江兄弟社を記念して兄弟荘と名付けた。

## 兄弟荘の床柱

兵庫県下の或る感化院（非行少年、保護者のない少年などを保護し教育する福祉施設）に、脱走癖のある一人の少年がいた。彼はすでに四度も脱走していた。院長はこの少年にまつわる度々の不祥事件の結果、困り抜いて辞職せねばならぬ苦境に立たされていた。或る日この院長は、某氏の紹介を受けて升崎を訪ねて来て、「この少年を何とか先生の処でお世話願えないものか」と相談した。この感化院では、鉄柵と頑丈な錠前とが用意されていたが、労禱学園には、垣根もなければ、戸には無論錠前一つかかっていない。そのような処に連れて来るのは、いわば「荒き狼を檻から出すようなもの」だが、升崎は聖書の一〝わが兄弟なるこれらのいと小さき者の一人になしたるは、即ち我になしたるなり〟（マタイ伝25の40）を思い出し、「キリストならば、この時どうするだろうか」と考え、敢然として引受けることにした。かくてこの少年は升崎の許に引きとられて来た。

升崎が一個の魂を熱愛するその愛情に、さしもひねくれていた少年も、徐々に純真さをとり戻した。彼の悪癖はおさまり、唯の一度も逃亡することがなかった。彼は喜んで升崎のもとで諸用を手伝うようになり、四年後に感謝と喜びとをもって、奈良県の実家に帰って行った。

その後、升崎は兄弟荘の建築を急いでおり、何か変った床柱がほしい、と願っていた。その時はからずも、かつての少年とその父とは、荷車に一本の巨木を積んでやって来た。彼の父祖は〝十津川武士〟の流れを汲んだ由緒ある家系に属し、彼の庭先にはその父祖伝来の白花さるすべりの木が一本あった。この木は、床柱用にと村の旦那衆や材木店から、以前より懇望されていたが、絶対に手離さぬ家宝の珍木であった。（さるすべりの木は普通床柱になるほど太く大きくならない）しかし、

「先生が兄弟荘の床柱に何か変ったよい木がほしいと言っている」と人から伝え聞いた少年の父は、我が子の再生への感謝をこめて、少年とともに、二日がかりで、十津川の山奥から届けてくれたものであった。今も兄弟荘の床の間に、異彩を放っている。

## 永良部の白百合

「皆さんはお臍を眺めた生活をしておりませんか？　私が私がと自分のことだけを考え、この世の中で自分ほど不幸な者はないと思いこみ、めそめそとうなだれた生活をすることを、お臍を眺めた生活と言うのです。何時も思い煩って溜息をつき、足元だけしか見ようとしない生活、自分のお臍を中心にした視界一メートル平方の狭い世界に、どうして正しい人生観が生まれましょう。天を仰ぎ、大空を見てごらんなさい。何千何万となくきらめく星、壮大な銀河、詩人は歌いました、〝夜は更けぬ、然れど黎明は近づきたり〟と。やがて光さわやかな朝の太陽が上ってくるではありませんか。この太陽、この星、あの銀河、一体どうして創られたものでしょう。また閉じこめられた密雲を御覧なさい。それをあなた方は陰欝な雲だとお思いでしょうが、それはこちらから雲の裏を眺めているからで、雲の表は常に太陽に照らされて燦然と輝いているのです。私達は人生の苦しい部分、悲しい面だけを見ないで、輝かしい部分面、喜ばしい生き甲斐のある方面も見なければなりません。私達すべての者に乳を与え、空気を与え、太陽を与えて育て給う神のあることをお考え下さい。この神は私達の涙を拭い、うち沈んでいる心に喜びを与えて下さる天の父なのであります」

これは升崎が乞われて東洋紡績大阪四貫島工場の女子工員のために〝精神修養講座〟として語った話の一節である。

この講演が済んで一週間ほどたった或る日のこと、升崎はピンク色の封筒に入った一通の手紙を受け取った。それは片仮名、平仮名混合のたどたどしい女文字で書かれていた。判読して見ると、その手紙の大要は次のようであった。

「先生、私は沖縄の小島、永良部島に生まれた漁師の娘です。私が九歳の時、父と兄は漁に出たまま帰りません。家には母と頭の悪い姉（註＝多分精薄者）と幼い弟妹とがおります。私達母子五人にとっては食うや食わずの日が続きました。私は少しでも母を助けたいと思い、十三の時、人のお世話でこちらに参りましたが、つらいことばかりです。私ほど不幸な者はない、と思うと死にたくなって淀川堤を何度も何度も歩きましたが、国の母や弟妹のことを思うと、どうしても死ねませんでした。先生はこの間、お臍を眺めた生活をやめて、天を仰いだ生活をせよ、神様を信じなさい、と申されました。先生どうか私に神様のありかを教えて下さい」

この手紙の差出人は〝久保妙子〟であった。

升崎は早速友人の牧師、吉田源治郎にこのことを伝え、彼女には工場の近くにある四貫島セツルメントに、吉田先生を訪ねるようにと書き送った。

その頃は何処の工場も、商店街も、大てい月二回だけの休日しかなかった。休日に他の同僚達が嬉々として外出するのをよそに、彼女は砂漠でオアシスを見付けたかのように、その日から吉田牧師の教会に、時間をつくっては通い続けるのであった。そして聖書を読んで見たい、もっと勉強がしたい、と向学心に燃え出しているところへ、或る日一つの小包が届いた。中には聖書と高等女学校の講義録が一揃い十二冊が入っていた。小包の送り主は外ならぬ升崎であった。彼女はこれらのものを貪り読んだ。工場の仕事が終って、同室の女工達が雑談に花を咲かせている時、彼女は彼らの目を避けて、便所の灯の下などで毎晩夜更けまで通信講義録によって勉学を続けて行った。

当時は何処の工場でも皆ノルマ制で賃金が支払われていた。少しでも余計に織り上げて、少しでも多くの賃金を得たい、という工員心理につけこんで、搾取していたのが、資本主義社会の実状であった。女子工員達は全神経を何台かの受持織機に注いで、神技に近い速度で糸の切断を発見して処置をし、無疵《むきず》な生地に織り上げていく。耳を聾する機械の響だけでも、神経がすり減る思いがする。十六時間の労働力を提供し、身心共に疲れ果ててやっと聞く終業の合図。その労に酬《むく》ゆるに薄かったことは〝女工哀史〟にもある通りである。こうした明け暮れの中にもなお時間を惜んで独学に励む彼女であった。

「久保さんはむずかしい本を読んでいる。女工が学問をしたって一体何になるの、アホラシ」との同僚の陰口を耳にしながらも、彼女は勉学をやめなかった。

紡績工場と肋膜炎、これはその当時あたりまえのことと考えられていた。彼女も過労が重なり、遂に肋膜を冒され、尊敬する升崎のすすめに従い、紀州南部の海浜に転地療養をすることになった。

南部の海浜には、升崎独特の考案になる外気小屋が沢山建てられていた。そこには、清らかな大気と、新鮮な魚類による栄養が備えられ、心身の安静を図る施設など、結核療養の三大原則が全部揃っていた。

南部での二年二ヵ月の生活は、彼女の健康を回復してくれただけでなく、その魂をも飛躍的に成長させてくれた。もはや彼女は、世をはかなんで身投げしようと淀川べりをさ迷うた十三歳の女工ではなかった。南部での静養の間に、愛と奉仕と信仰によって裏付けられ、神の栄光の器として用いらるべく、最後の仕上げがなされていた。

「独学で一体どれだけの能力がついているか、一つ検定でも受けて試して見ないか」との升崎の奨めで、彼女は小学校教員検定試験を受けて見た。受験者五十六名中免許状を授与された者は十八名、しかも尋常小学校三年の学歴しかもたぬ彼女は、初めての受験であるにかかわらず、全科目に一回で見事合格したのであった。

故国の沖縄県では、彼女を小学校の教師として任用、郷里永良部島の小学校に招聘した。

小さな風呂敷包みを一つ背負い、目を真赤に泣きはらしながら、周旋業者に連れられて島を出たこの小娘が、十年の後、今度は県の辞令を手にし、生まれ故郷の小学校の教師として赴任することになった。紫紺の袴の紐を胸高に結んで、新らしいパラソルを手にした新任の先生が、いそいそと船から下りて来て、

「新任の久保妙子でございます、留守中は母や弟妹達が大変お世話になりました」

と挨拶した。しかし島の人々には最初それが誰だかわからぬほどであった。

彼女の着任により、島の様子は徐々に変わって行った。彼女が第一に手をつけたのは、島の外れに住む癩者（ハンセン病患者）の部落慰問であった。毎日曜の午後、六キロメートルの道を歩いて、彼女は看取る者もない哀れな癩者の汚物を洗浄し、看護し、慰め励ますことを常とした。

彼女はまた、賀川豊彦著〝山上の垂訓〟という書物を二十冊ほど升崎から送ってもらい、それをテキストとして島の青年達を指導し、日曜日の午前中は、村の子供たちを集めて海浜で学習を指導し、かたわら聖書を教えた。

升崎によって教え示された数々の愛の下坐奉仕を彼女は三年も続けたが、余りの過労のために再び倒れ、十七歳を一期として天に召されたのであった。

彼女の臨終は釈迦の涅槃《ねはん》図そっくりだったと言われる。彼女を慕う島人の誰彼が、彼女の病重しと聞き伝え、次から次と駈けつけては彼女の家の窓辺で、いつまでも離れずに泣いて別れ

を惜しんだ。彼女は妹に向かって、「泣いてはいけない、私達より不幸な人が沢山いる、それらの人々に親切にしてあげてほしい、お母さんと姉さんを大切にしてほしい、気の毒な癩者を慰めてあげてほしい」と言った。これが最期の言葉であった。

形身として残された物は、彼女のよく手にしていた繻子張《しゅすばり》の洋傘一本、袴一着、それに細い帯が一本、繻袢が二枚で、これが遺品のすべてであった。升崎のもとを辞して島に帰った時は、年頃の娘にふさわしい衣類が柳行李二個にギッシリと詰まっていたのに、貧しくて困っている人達を見つけると、それをすっかり分け与えてしまったのであった。

一枚の最後に残ったこの衣
神のためにはなお脱がんとぞ思う（賀川豊彦作）

という詩の通り、彼女もまた〝一枚の衣の使徒〟であった。

升崎は昭和十五年に賀川豊彦に同伴して、沖縄及び台湾伝道に出かけた。その途次、念願の愛弟子妙子の墓参をするため、この小島を訪問した。小蒸気船が島の和泊港に着いたのは朝の四時であった。目をあげて見ると、港は小旗をもつ群衆でいっぱいであった。多分、誰か出征兵士でも見送るのであろう、邪魔になってはいけない、と升崎は人に交ってこっそりと船を下りた。

ところが群衆の中から、礼服に威儀を正した立派な一人の紳士が、恐る恐る升崎の前に出て来て言った。

「あなた様はもしか久保先生の先生、升崎先生ではございませんか？」

「はい私は久保先生をよく知っております升崎という者です」

「おお、あなた様は升崎大先生でしたか！」

その紳士は大声で、「先生がお出で下さったゾオー、久保先生の親先生がお見えになったゾオー」と人々の方に向かって大声で叫んだ。この時何十本もの小旗は打ち振られ、「升崎大先生！」「升崎親先生！」という声があちこちから起こり、人々は升崎のまわりに押しよせて、頭を下げる者や土下坐して拝もうとする人達で、升崎は身動きもできないほどであった。

升崎は、妙子の墓参をした後、彼女の苦闘の後をつぶさに見て廻った。

# 片倉峠の旅人

「片倉峠に旅人が一人倒れている」と升崎のもとに知らせた人があった。彼はすぐ十キロほど離れた峠にかけつけて見ると、一人の巡礼者が路傍に倒れていた。事情を聞いて見ると、「疲れてどうしても歩けない」と答えた。三日間何も食べていないらしい。彼はその巡礼者を抱き起こし、背に負うて引きずるようにして広井原という処まで来たが、彼自身も動けなくなってしまった。止むを得ず土地の人に荷車を借り受け、その巡礼者を車に乗せて家まで連れて帰ったのは、夜中の十二時近くであった。升崎は、巡礼者に粥をたいて食べさせたが、食べながらも、食べ終っても、彼がしきりと泣くので、自殺の恐れがあると考え、その夜、彼と一つ蒲団の中にだき合って寝た。朝、眼がさめて見れば、顔中ほうたいをしている。巡礼者はひどい癩病患者であった。升崎はそんなことを少しも気に止めず、毎晩一緒に寝て、人生の喜怒哀楽を語り、如何なる時にも希望を持つようにと語り聞かせるのであった。

七日目の朝、升崎は何時ものように埴田《はねた》浜の療養所に出かけ、自宅に帰って見ると、巡礼者は置き手紙をして何処ともなく立ち去った後であった。その手紙には次のように書かれていた。

「如何に神の道を説かれる先生とは申せ、私の如き悲しい病の者をこんなにまで親切にして下さるとは、何と考えても嘘のようです。私がこの病気にかかると同時に、一家親類は、皆私を家に置かないと言いました。私が家におれば、私の妹達が結婚出来ないからです。のみならず町の人は誰も交際してくれなくなるからです。私は半年余り家内以外の人には誰にも会わず、一室に閉じこめられておりました。ところが段々と病気が表に現われて来たので、或る夜、私は家の人々に最後の別れを告げて巡礼に出ました。私には妻もあり子もあります。けれどももう一生会わない決心をして家を出たのですが、いかに悲しい病をもっている身とは申せ、世の人たちはもう少し親切にしてくれたらと思います。親も兄弟も妻も子も私に「生まれた家から出て行け」と言うほどですから、他人が私に同情などして下さる筈はないと思いますが、それでも生きている私ですから、時には人間の情にすがりたくもなります。私は海岸を通るたび毎に、海に身を投げようかと何度も思いました。片倉峠で三日間倒れている間にも、私の傍を多くの人々が通りました。けれども誰も、たった一言も親切な言葉をかけてくれる人はありませんでした。それだのに何という貴い先生でしょう。先生は朝晩私のためにお祈り下さいました。私は全快しなくても満足です。この世の中に生きているうちに、先生からこんなに親切にしていただいたので充分です。私は生命のある限り生き続けます。私は生まれ故郷も名前も告げずにここを去ります。どうか先生こそお体を大切に、神様の御用のためにお働き下さい。奥様の一方ならぬお世話とご親切が忘れられません、深く感謝しております。さようなら」

# 一粒の麦

一日十万本、日本一の梅林を誇る南部の丘陵地帯を南部川が流れている。その南部川に沿って上って行くと、やがてK村に入る。そこは人間三分に猿七分とも言われ、猪が白昼、路上を歩いているとも言われる山奥の村落である。

ここにYという青年がいた。彼はこの村の村会議員Aの子息であったが、県立南部農学校に在学中、升崎の感化を受け、卒業後小学校の教師となった。しかし彼の夢見た教員生活とその現実とは余りにも大きい差異があったので、彼はすっかり失望してついに教員を辞めてしまった。そして昼は父の百姓仕事を手伝い、夜は十数キロも離れた升崎の経営する〝南部労禱学園〟の夜学に通い続けていた。彼は研学研修の進むとともに信仰も進み、やがて学園裏の太平洋の磯辺に於て、升崎から洗礼を受けた。

受洗後彼は伝道者たることを志望し、父に相談したが、勿論父は頭から相手にしてくれなかった。

「村会議員にまで選ばれている村の有力者の息子が、折角勤めていた学校を辞め、しかも何が面白くてヤソの教師になるのか、上京したければ勝手にするがよい、しかしその代り学資は絶対に送ってやらぬ」と父は言った。

彼は父の意に逆らい、遂に上京、神田の英語学校に入学したが、無論父からは一銭の仕送りもなかった。彼は学資と生活費とを稼ぎ出すため、朝は牛乳配達、夜は夕刊配達と苦労を重ねながら勉学を続けていたが、栄養失調と過労のために胸を病む身となり、学業半ばにして止むを得ず郷里に帰って来た。父は「どのツラ（顔）をして帰って来たか、ヤソを止めたか」と彼に詰問した。母はYに「父の手前だけでも止めたと言っておけ」と仲裁に入ったが、Yは聞きいれなかった。キリストへの信仰ゆえに、彼は一歩も家に入れて貰えなかった。止むを得ず彼は、家から二キロほど離れた〝隠亡小屋〟といわれる小屋を修理して、そこに住み、自炊しながら療養生活を続けることにした。その小屋は、昔伝染病で死んだ人の火葬小屋で、文字通りのあばら屋であった。母は見るに見かね再び父と子との仲裁に入ったが、「ヤソを止めよ」「止めぬ」の一点張りでどうしても折り合うことが出来なかった。「小学校の教師もし、村の青年団長まででした彼が、ヤソになった、国賊の仲間入りした」と言って、村の人々は彼を憎んだ。その頃次第に日本の軍国調が濃厚となり、中等学校には配属将校がおかれ、青年学校は軍隊の予備訓練化していた。

彼は村人の凡ゆる迫害と蔑視に敢然と抗していたが、見るに見かねた升崎は、車を用意して或る日彼を迎えに行った。しかし彼は、

「先生も昔出雲で迫害にあった時に、逃げ出さずに伝道した、と教えてくれたではありませんか。私がここを引き揚げると、K村伝道の拠点がそれだけ後退したことになります。それに先生、大人は何やかやと私に対して意地悪をしますが、村の子供たちは毎日私の話を喜んで聞いてくれます。だから私は子供たちのためにもここに残ります」

と言い、かえって升崎を慰め励ます有様であった。

彼は窓の障子に讃美歌を書いた新聞紙を貼って、細長い棒でそれを指さし示しながら子供たちに教え、時には聖書の一節を読んで聞かせた。こうした生活が二年ほど続いたが、そのことのため、徐々にではあるがK村の幼なき魂に信仰が培われていった。

しかし彼は喉頭結核と腸結核に冒され、その肉体は急激に衰えを見せ、動くのも大儀になってきた。

昭和十二年六月四日夜のこと、彼の妹K子は、自宅の土間に手をついて、

「オトヤン（お父さん）ニイヤン（兄さん）もうアカン（駄目）一ペンイテヤッテンカ（一度行ってやって下さい）」

と父に頼んだ、しかし父は、

「Yのアホングラ（馬鹿野郎）」と酒気を帯びて大きな声でどなった。K子の妹T子もこれを見て、「オトヤン、兄ヤンアカンデ、行ってやってくれ」と二人で拝むように頼んだ。そのた

めであったか、その夜、人の寝静まった十一時過ぎ、Yの父は、人目を忍んで、隠亡小屋に出かけた。二年振りの父子の対面であった。既に喉頭結核に冒されていたY青年は、もうかすれた声すら出なかった。刻々と近づく臨終の床で、Yは父を見てにっこりと笑った。その平和で穏やかな笑顔。声が出ないので、手だけを少し振っている。父の胸には思わず熱いものがぐっとこみあげて来た。そして容赦の出来なかった過去が悔いられ、父は思わず我が子の手をぐいと握りしめ、

「Yよ、オトヤンが悪かった」とさめざめと泣いた。嬉しそうにうなずいた彼は、何か言いたそうに唇を動かしたので、妹のK子は気をきかして直ぐさま、聖書に紙を添えて鉛筆を持たせると、彼は震える手でゆっくりと、

「天国に凱旋、ハレルヤ」とその紙片に書いて、笑みを浮べつゝ息を引き取っていった。この有様を見た父は「Yよ赦してくれ、それほどアラタカナ（強い）お前の信仰をワシ（自分）が理解出来ず、お前を殺してしまった。Yよ、赦してくれ」と言って死骸にしがみついて大きな声で泣いた。やがて夜が明け初めた時、彼は決然と立ち上がり、この上は我が子が命をかけて守り通したキリスト教で葬ってやりたいものだ、と思ったが、今まで散々ヤソの先生に毒づいて来た手前、何としても升崎に合わす顔がない。

翌朝、升崎に電話がかかって来た。

「升崎先生ですか、私はK村の村長です。Y青年が昨夜半に死にましたので、キリストの葬式をしてやって下さらんか？」

父の頼みにより村長が代理で伝えて来たのであった。

升崎は自分の耳を疑うほどに驚いた。

「村長さん、それ本当ですか、ヤソ教で葬式をするとAさんは申しておりますか？」と反問した。

彼は直ちに奥地に向かった。しかし着いて見ると土地の大工がヤソの棺を造ると道具が汚れる、と恐れ、棺を造っていなかった。そこで彼は当惑し、苦心の末、小学校の学童が使う手工用の鉋《かんな》と鋸《のこぎり》とを借用し、四時間もかかって一つの寝棺と墓標用の十字架とを造った。花と十字架で飾られた棺を前にして、彼は、

〝一粒の麦地に落ちて死なずば唯一つにて在らん、若し死なば多くの果を結ぶべし〟（ヨハネ伝12の24）

という聖句に基づいて説教し、村最初のキリスト教の葬式をした。喰わず嫌いにキリスト教を嫌っていた村人も、その式に参列して初めて深い感銘を受けた。その後Y家一族は間もなく揃って入信した。

それから十年を経た昭和二十二年十二月二十日のこと、今度はK村小学校の校長が升崎を訪

ねて来て「全村クリスマスをしてほしい」と懇望した。

クリスマス・ツリーの樅《もみ》の木は、山村のこととて、すばらしく大きく豪華なものであった。それに子供達は手製の折鶴や星を飾り、村人は持ちよりの餅や菓子をそなえて、本当に楽しいクリスマスであった。

年明けて正月早々、隣村T小学校では純キリスト教式の集団結婚式を、全村民列席の上で三組同時にあげるという村人には珍らしい行事が行われた。升崎はその準備から司式の一切を担当した。村人各自持ち寄りの米と小豆で赤飯をたいて祝宴を開き、新郎新婦たちを心から祝福した。これがかつて升崎やその同志に屋根の下に入ることすら拒み、Y青年に汚物や牛糞を投げつけたK村、T村の両村である。こうなったのはいわば日本紙に水をしませるように、福音を滲透させたためであり、升崎やその同志が黙々と愛の奉仕を続けたことによる勝利の記録である。

## 阿呆忠の話

土地の人は升崎のことをゴモクタ先生と呼んだ。ゴモクタとはごみ溜の意である。賀川豊彦はある日升崎に向かってこう言った。

「升崎さん、ごみ溜はよいもんだね、もしごみ溜がなかったらみんな困るでナァー」

升崎の経営している労禱学園は、聖書を学ぶほかに、各自が決めた主題によってそれぞれ研究研鑽をする塾教育の方法をとっていた。人々はこれを〝アホ学園〟と呼んでいた。この労禱学園に白痴の少年が一人加わったのを知った近所の人が、門柱にペンキで〝アホ学校〟と落書きしたことがあったので、それが呼名となり、南部名物の一つとなった。

この少年は山本忠一といい、幼い頃脳膜炎を患った孤児であった。大食と寝小便の故に、親類も愛想をつかし、捨てられて乞食をしていたのを、升崎が自宅に連れ帰り、世話をすることにしたのであった。連れ帰ったその夜から、升崎は少年を自分の寝床にねかせたが、朝になるとこの少年は大きな地図を蒲団一ぱいに画いていた。この白痴の少年、何の取柄もないと思われている忠ヤン（升崎は忠一のことをこう呼んだ）にも、人の真似の出来ない一つの特技があった。それは蠅《はえ》をとることである。蠅と見るや、精薄者特有の落付かぬ目が俄然輝き出し、蠅を見つめながら左手左足で調子をとり右手の指先でパッと打った。それは百発百中、神技ともいうべきものであった。試みに薪を割らせて見たが、これまた仲々の腕前であった。しかし升崎から教えられたことで忠ヤンの覚えたのは〝北の果てなる氷の山〟（讃美歌二一四番）という讃美歌が一つきり、彼はそれを可愛い声でいつも歌っていた。

しかし忠ヤンが加わったことにより労禱学園が〝アホ学校〟と名付けられ、他の青年達はこれを問題にした。そして升崎に「忠ヤンが労禱学園に出入りせぬようにしてほしい、忠ヤンが加わるのなら自分達は出て行く」とつめよった。これにはさすがの升崎も苦しんだ。キリストは〝健康なる者は医者を要せず、病ある者のみこれを要す〟と仰せられ、また〝百匹の羊を持てる者あらんに、その中一匹迷わば他の九十九匹を野におきて尋ねざらんや〟（マタイ伝９の12、同18の12）とおっしゃった。

有為の七人の青年と、一人の白痴の少年と、いずれを選ぶべきか？

その結果七人の有為の青年は去って行った。

ところが忠ヤンが或る日外出したまま、夜になっても帰ってこず、八方手を尽してもその消息は杳《よう》として分からなかった。どうやら昔の放浪癖が出て、足に任せて何処までも歩いて行ってしまったものらしい。

それから数年後、忠ヤンが機帆船に拾われて働いていることを升崎は風の便りで知った。

昭和十四年の或る日、一人の紳士が突然升崎を訪ねて来て言うには、

「あなたは何年か前に山本忠一という子供をお世話下さった升崎先生ではありませんか?」

「おお、あなたは忠ヤンの消息をご存知ですか。今どうしていますか? 機帆船に乗っているとか聞いていましたが——」

「実はその忠ヤンが立派な働きをして死にました。これが忠ヤンの形身です」

その紳士はそう言って船の舵輪《だりん》を差し出した。彼は忠ヤンの乗っていた機帆船の船長であった。彼は次のように語った。

「或る日機帆船幸十丸は、荷物を満載して紀州尾鷲港を出た。出帆後間もなく海がしけだし、新宮沖にさしかかった時はどうしても船が意の如く動かず、遂に暗礁に船底をぶっつけてしまった。破れた船底から夥しく浸水して、いくら排水してもどうにもならない。今はこれまで、と一同観念した時、船底から『親方々々、船を船を』と手を振りつゝ、大声で叫んでいる者がいる。見ればアホ忠である。不思議にも水はあれから少しも増していない。船員達は再び必死になって水をかい出したところ、忠ヤンは船底の穴に自分の太股をグッと突っこみ、必死にもがきつゝ、『船を船を、早く早く陸に上げよ』と狂おしく叫んでいた。それで船員達は遮二無二、船を進めて陸に近づけて九死に一生を得たが、忠一は可哀相に右大腿部をもぎとられ、出血多量で上陸するまでに息を引きとってしまった」

升崎は労禱学園でいつも、オランダの堤防の決壊を救ったハンス少年のことを青年たちに教えており、この忠ヤンもよく「俺はハンスだ、ハンスだ」と口ぐせのように言っていたが、その通りのことを彼はやってのけたのである。人からアホ忠アホ忠と呼ばれ、自分もまたアホ忠が本名だと思いこんでいた山本忠一　〝水が噴きこんでくる船腹の穴に、布切れや板切れの代りに自分の肉体の一部をつめこみ、数名の同僚と船とを救った山本忠一。〟人その友のために己が生命を捨つ、これよりも大いなる愛はなし〟（ヨハネ伝15の12）

今も労禱学園兄弟荘の屋根高く、山本忠一を記念して、彼が乗っていた機帆船幸十丸の舵輪が飾られている。

その後この船長の住む三重県九鬼の町に、キリスト教の伝道所が建てられ、升崎もしばしば講師としてそこに招かれている。

## 恵ヶ丘の話

終戦後の或る年の夏、南部の町でチブスが流行し、一夏に八十六人もバタバタと死んだことがあった。火葬場の人夫まで死んだので、町当局は思案にくれていた。夏のこととて何時までも屍体を放置することも出来ず、三つの竈（かまど）ではとうてい処理しきれず、困り果てていた。

そこで升崎は町役場に出頭して「誰も焼く人がなければ私が焼きましょう、但し金は絶対頂きません」と念を押し、恵ヶ丘という山の上で石油と薪とを貰って昼夜兼行で、三日間家にも帰らず屍体を焼いたことがあった。

町の人たちは「また先生の病気が出た、ゴモクタ先生が、今度は人焼き先生になった」と言った。

升崎と親しい大阪の或る知人が、升崎の長男に戦後の物資不足の時、革のグローブを土産に贈った。子供は嬉々として出て行ったが、暫くしてベソをかきながら帰って来た。
「パパ、もう人焼きに行くなよ、僕今日みんなにオマエトコの（お前の家の）オト（父）これか、と言われた。『チガワイ』と言ってやったら『そのグローブ人焼きしてモロた金でコウタノヤロ（買ったのだろう）』と言いよる。パパもう人焼きに行くナヨ、僕フウ悪イヨ（みっともない）」
これには升崎も弱った。この子の歌に、
人のため、よく働らくはウチのパパ
金を儲けよ、ママが困るぞ
というのがあり、朝日新聞に記事として報じられたことがある。

巡礼英亮は相当な資産を持つ家柄の子であった。彼は小学校も、中学校も優等で、高校から大学へと進んだ秀才であった。大学時代に唯物論に走り、共産党に入党、検挙されて八ヵ月入獄、出所したものの、父は家に入れてくれなかった。母に会わせてほしい、と頼んだが、母は既にこの世の人ではなかった。女中に事情を聞いて、彼は胸もつぶれるほどにびっくりした。それは、彼の刑務所入りで、或る官吏の処に縁づいていた姉が離縁になって帰され、母はそれを苦にして自殺してしまったのであった。姉も自分ゆえにこうなったと思えば居たたまれず、母の後を追って自殺してしまったのである。

自分ゆえに母と姉を自殺に至らしめたことを深く悔いた英亮は、巡礼者となって四国八十八カ所を廻り、西国三十三カ所を廻るべく、一番の札所、那智の青岸渡寺に詣で、二番の札所紀三井寺に向かう途中、木賃宿で南部の升崎のことを聞かされ、宿の主より是非升崎を訪ねて行くようにと教えられてやって来た。

升崎の処で一週間世話になるうちに、すっかり夫妻の人格に魅せられ、彼は事情をうちあけて労禱学園において頂くことになった。

英亮はここで起き伏しするうちに、すっかり人間が変り、朝は暗いうちに起き出でて拭き掃除、小鳥の餌やり、託児所の世話、外気小屋の病人への奉仕、夜は労禱学園の生徒に英語を教えるなどしてよく働いた。

ところが彼は結核におかされる身となり、多くの人の善意による看護も空しく、一年八ヵ月の後、升崎夫妻に手をとられつゝ、感謝して息をひきとった。

升崎は彼の父に、電報でこのことを知らせたところ、

〝エイスケシキョノヨシ ホネウケトラヌ〟と返電があった。

止むなく升崎は火葬場に頼んだが、結核は伝染病故二十円くれと言う。五円しか所持してなかった升崎は、二円で板を買って来て棺を造り、三円で薪と石油を買い求め、自分で大八車を引張って、一晩がかりで英亮の遺骸を焼いた。

恵ケ丘というのは、升崎が造った納骨所で、ここには升崎の世話になって死んだ数十人の遺骨が納められている。

## 磯野巌博士の話

時は昭和十八年十一月、太平洋戦争も徐々に敗戦へと追いこまれつゝあり、国内では鬼畜米英撃滅とか、八紘一宇《はっこういちう》とかが強く叫ばれ、またキリストの教会は外国のスパイ視されて、集会も自由にできない頃のことである。

或る夜、升崎はいつものように愛用の望遠鏡を浜に持ち出し、〝諸々の天は神の栄光を顕し、大空は御手の業を示す〟（詩篇19）と、旧約の詩人ダビデの歌ったきれいな夜空を眺めていた。彼の一挙手一投足はその当時、万人注視の的であったので、彼が望遠鏡をのぞいているのは「敵機に暗号を送っているに相違ない」という嫌疑をかけられた。彼は和歌山憲兵司令部に出頭を命ぜられ、出頭するや否や、何の取調べもなく、いきなり係りのS軍曹に、殴る蹴る踏む打つの暴行を受け、その場に昏倒して意識を失ってしまった。

「軍隊で人を殺したとあってはこと面倒だ、まだ息のある間に早く帰そう」というわけで、升崎はその日、昏睡状態のまま家族の手に引き渡された。

自宅に送り返されて、意識は回復したものの、〝仙台での受難〟で受けた彼の古傷は、この暴行がきっかけとなり再発してしまった。他に類例のない症状であるため、近隣幾人かの医師達も施す術がなかった。その医師達は、堺市の磯野博士ならば何とかなるかも知れぬが、と一縷の望みを託したが、家族達は博士に頼むべき手づるがなかった。

升崎に師事する大阪の鞍好子は、このことを伝え聞き、桃谷勘三郎夫妻の紹介を得て、早速堺市の磯野耳鼻医院にかけつけた。

「磯野先生、一生のお願いです。升崎先生が死にかかっていらっしゃるのです。何とか早く行って助けて下さい」

「何！ 升崎先生が危篤だって？ あの南部の升崎先生が！ そりゃ大変だ」

と今度は磯野博士の方が慌てだした。博士は親友の天文学者山本一清理博から、かねて升崎の立派な人柄を伝え聞いて、一面識はなかったが、心ひそかに尊敬していた。

磯野博士は早速選りすぐりの看護婦二人を同行して、当時の交通不便な中を、百キロもの道を遠しとせず、南部の町にかけつけた。そして不意の来診に驚く升崎を綿密に診察し、随行の看護婦に手術の用意を命じた。

衰弱の激しい升崎には全身麻酔がかけられず、局部麻酔の下で手術が行われた。病名は慢性中耳炎（真珠腫）。手術は三時間半もかかった。この間、升崎はベッドに俯伏《うつぶ》してジッと苦痛に堪え、十字架上の主の苦痛を偲んでいた。

その後、磯野博士は四回も往診治療したため、升崎の手術痕も奇蹟的に快方に向かって行った。

磯野博士と升崎にかかわるエピソードを二つだけ記そう。

升崎はこうした博士の親切にいたく感動、博士が最後の往診に見えた時、言い尽し得ぬ感謝に胸がふさがり、涙を浮べてただ頭を下げるのみであった。博士は升崎の言おうとするところを早くも推察し、

「升崎先生、もしも謝儀の話なら止めましょう。先生は神の御用をなさる大切な器です。磯

野の技術が少しでもお役に立ったのであれば、私の光栄です」と言った。

升崎は謝礼を差し出したが、博士はどうしてもこれを受けようとしなかった。

南部町に住む浜田竜夫画伯と升崎とは画家として互いに尊敬し合う間柄であった。升崎もまた勝れた画家である。病癒えた升崎は、或る日浜田画伯を訪問した。画伯はアトリエで自分の快心の作品を眺めているところであった。それは巨岩を紺碧の荒海が洗っている壮大な絵であった。升崎もこの作品の前に立ち、感に打たれて画題を聞いた。すると画伯は〝磯の巌〟だと答えた。升崎は突然こう申し出た。

「浜田先生、甚だぶしつけで失礼ですが、この絵を私に売って下さらぬか。実は私の命を救って下さった磯野博士にお礼として差し上げたいと思うのです。博士に車代の一部にでもと思って私は父から譲られた家宝の刀を売って、いささかの寸志をお渡ししたのに、博士はそっくりそのまま『私からのお見舞です』と言って家内に返してしまわれました。磯野巌博士は、その名のように固い石の絵が大変お好きな方です」

だまって聞いていた画伯は言った。

「升崎先生、折角のお申し出ですが、僕はこの絵をどなたにも売りたくありません。今まで沢山の人から、是非にと言われましたが、みなお断わりしました。それはこの絵を手離したくないからです。しかし、今の先生のお話は実に美しい話です。先生の全快のお祝いに、この絵

を貰っていただきましょう。この絵も先生に貰っていただければ光栄です」（この絵は当時の金で時価三千円とも言われていた）

升崎は嬉しいやら気の毒やら、早速家に飛んで帰り「今日はエライことになったよ」と夫人にいきさつを報告、夫人は「そんな無茶なことを」と言っているところへ、升崎の後を追うかのように浜田画伯は、五十号の大作の絵をかつぎこんで来た。升崎はその絵を、交通事情の困難な中を苦心して自ら運び、堺市の磯野邸の応接間に掲げた。それは戦災で焼失するまで愛の調べを奏でたのであった。

昭和二十一年の新年初頭、戦争によりしばらく途絶えていたイエスの友冬期聖修会が、賀川豊彦を中心講師として西宮一麦寮に開かれ、病癒えた升崎も講師の一人として出席した。久方振りに会うこの二人の人物は、戦時中の迫害にも耐えて無事な姿で相見えたことを喜び合いつゝ、其の夜一つ寝床に休んだ。

升崎は寝物語に、病気のこと、磯野博士の好意などをつぶさに話した。升崎の語るのをじっと聞いていた賀川は、シクシクと泣き出した。賀川は言った。

「升崎先生、僕が今日講演の時使った筆と墨が三階の会場にあるから持って来給え。僕は磯野博士に、僕からの礼として書を一本書きたいと思う。昼書いていて他の人に伝染すると困るから、人のいない今書くよ」

賀川は寝巻姿の上にオーバーを羽織って、

〝我らが外なる人は壊るれども
内なる人は日々に新たなり
磯野巌先生に　　賀川豊彦〟

と書いた。書き終った時、時計は二つ鳴った。この書の処々に、涙と鼻汁とがこぼれ落ちて文字ににじんでいる。これ即ち賀川豊彦涙痕の書である。

## 病床美譚

戦争の末期、物資不足に困り、病人に栄養をとらせたいが、それも適えられない時、入手困難で貴重品ともされていた卵が、升崎の病室の窓の外に、毎朝一個、二個と置かれていた。贈り主が誰だかわからぬままに数十日が過ぎてしまった或る朝のこと、彼は不思議な姿をそこに見付けた。一人の老婆が卵を窓の外に置き、手を合わせてこちらを拝んでいる姿であった。

話は遡るが、升崎は十年ほど前、或る男にだまされてひどく困ったことがあった。その男の老母が「何とかして升崎先生の恩に報いたい」と思っていたが、貧しくてどうにもならなかった。しかし今その先生が重態だと聞き、じっとしておれなくなったこの貧しい老婆は、自分が飼っている五羽の鶏の生んだ卵の全部を、毎日運んで来ては升崎の全快を祈っているのであった。

## S軍曹後日譚

升崎は終戦後間もない頃、和歌山県警察本部の依頼で、各警察署に〝民主主義の根本思想〟を説いて廻っていた。ところがある警察署に行った時、そこの調べ室で一人の大男が刑事の尋門を受けているのを見た。その横顔をチラッと見た瞬間、升崎はびっくりした。その男こそ数年前、憲兵隊で自分に致命の傷を負わせたかつてのS軍曹ではないか。署長は升崎の驚く姿を見て、「先生はこの男を知っていられるのですか、実はこの男は憲兵くずれで、どうにもならんのです」と説明した。Sも升崎の顔を見て驚き、かつ泣き出した。その途端に升崎の心にキリストの〝贖罪愛〟が溢れてきた。

やがて升崎はSの身柄引き受人となって、その審きの法廷に特別弁護人として立った。そして執行猶予の判決を得てSを釈放して貰った。その後、升崎は彼のために仲人の労をとり、その結婚式の司式までした。彼Sは今田舎町で小売商を営みつゝ、平和な家庭を築いている。

## 升崎夫人のこと

私はここでどうしても升崎夫人のことを少しく書かねばならない。

升崎はその頃、農村巡回講師として、賀川豊彦の指導の下に、全国各地に行脚講演の旅をつづけ、留守の日が多かった。留守を守るのは夫人であるが、升崎宅の場合は世の常とは異なっていた。それは升崎が、前に述べた如く自殺未遂者とか、心中の片割れとか、精神異常者とか、酒乱者とか、病気療養者等々、問題を持つ人々を、乞われるままに預って世話をしていたからである。

一つの挿話を語ろう。ある日、いつものように升崎は旅先から帰る日時を留守居の夫人に電報で知らせておいた。ところが、いつも喜び迎えてくれる夫人の姿が、この時、港の埠頭に見えなかった。変に思いつゝ、升崎は我が家に帰り「只今」と声をかけたが返事がない。不思議に思い座敷に通って見れば、夫人は蒲団を頭から被って顔を出さない。「今日はどうしたのか」と聞きただしても答えがない。よく見れば、夫人の右頬がひどく腫れあがり、歯も二本折られていた。

升崎の不在中、何時も金の無心に来ていたAがやって来て、夫人に向かい「カカー（妻の意、女を軽蔑した言葉）これアロトケ（洗っておけ）」と自分の妻か何かに言う如くに汚物を沢山洗わせた上に、「酒代を五円よこせ」とねだり、夫人が有金全部の六十銭を渡すと「これっぽちのはした金、俺を馬鹿にするな」と言って乱暴したのであった。

この時夫人が「こんな危険な処に私はもうこれ以上よう辛抱しません、帰らせて頂きます」と言ってしまえば、升崎の長い奉仕の伝道生活は恐らくピリオドを打たれてしまったであろう。升崎は夫人に向かい「痛かっただろうな」とやさしく言った。すると夫人は枕から頭をあげ、微笑をたたえて「いいえ、これ位の迫害は物の数ではありません、主イエス様のお苦しみを思えばね」と答えた。

昭和三十一年五月、升崎は社会福祉事業功労者として、厚生大臣の表彰を受けた。その時参列者一同は新宿御苑に招かれ、升崎は被表彰者を代表して陛下にお礼を言上した。その中に彼は次の言葉をさしはさんだ。

「今日のこの光栄の蔭に、私は家にあって黙々と奉仕に励んでいる妻の姿を忘れることはできません。この悦びと光栄の半ばは妻にも頒《わか》ちたいと思います」

この言葉をお聞きになった陛下は、静かに頷かれた。その瞼にはきらりと光るものが拝されたという。参列者一同も、升崎と同じ思いであった。

祈り――主イエスに倣い、主のみ旨のままに、今なお隣人の足を洗いつつ、生きる升崎先生と升崎御夫人との上に、天来の慰めと、平安とが幾久しく、主によってありますように。アーメン。

# 第四部　「荒野に水は湧く」後日譚

南部伝道物語をもう少し書き加えてほしいと、と読者の方々からの強い要望に、後日譚を少しと、付録として各紙に紹介された書評の一部を書き加えました。

このたびもまた、武藤富男、吉田源治郎、西村次郎、武本昭夫、山崎宗太郎の諸先生に、私の原稿を加筆訂正して頂きました。

昭和四十五年七月二日

## 第二室戸台風

この書「荒野に水は湧く」は、昭和三十六年十月一日に初版四千部が発行された。その後大いなる反響の中に版を重ねていったが、その初版が発行された半月後の十月十四日、大阪クリスチャン・センターで出版記念会が催された。

この小冊子の原稿に加筆、訂正その初校、二校と校正までして出版に協力した関西側の西阪保治、古田源治郎、西村次郎、武本昭夫等はもちろんのこと、東京より武藤富男も飛行機でかけつけ、会する者約二〇〇名、南館の集会室だけでは足りずロビーにまであふれ大阪クリスチャン・センター開館以来という盛大な、しかも内容の充実した感激的な集会となった。これらはみな、この書の主人公升崎に対するあつい友情と敬慕のあらわれであった。しかしこの時、当の升崎は重傷のため病床に伏していた。

紀州のことを俗に台風銀座という。台風のあるたび毎にその通路となり、沿岸は津波に襲われ高潮に洗われる。そして荒々しい爪跡が残される。

昭和三十六年九月十六日、すなわちこの書の発行半月前のことである。高知県室戸岬から紀州の西海岸を北上して大阪府下を荒しまわり、北陸海岸に抜けたいわゆる第二室戸台風というのがあった。
　この台風の襲来によって、升崎が営々苦心して建てた建物の中、海岸に近いアブラハム館（アメリカ、カリフォルニア州、ロス・アンゼルスの有志の献金によるもの）、永久子《とわこ》の家、浩芳炊房、ヨルダン風呂は津波のため海中に持っていかれた。残る頌栄館も博物館も軒が傾き屋根が吹き飛んで半壊状態となり、その上、升崎自身も大波にさらわれて、海中に拉《らっ》し去られた。その後、不思議にも板ぎれをもって岸にうちあげられたらしい。ふと気がついた時、半裸の老婆に、上からおおいかぶさるようにして、しっかりとだきかかえられていた。
　それはその近くに住む漁師の家の八十六才になる老婆であった。この老婆は、台風の過ぎ去った後、何気なく海岸を歩いていると、異様なものが目にとまった。近づいて見ると、それはヤソの先生である。「オヤ！　これはまたどないしたことやろ！　労禱学園の先生ハンやがな、こりゃエライことになった。早うお医者を」と言いながらも、この人、さすがは漁師のオカミさんだけあって、水難者救助の応急処置を心得ていた。すぐさま升崎を裸にし、自分も裸になって彼をだき上げ、自分の体温で温めたのである。やがて気のついた升崎に「若い娘でノーテ（なくて）悪いなあ！」と耳もとにささやいた。（後日升崎が著者に「大きな乳房をぶらさげたお婆さんだったよ」とソッと語った）
　このようにして一命は助かったものの、板片についていた古釘から破傷風菌が入ったものか、ついに重体におちいってしまった。普通この症状では助からないと言われる。しかし升崎の急を伝え聞いた遠近各地の人びとは、すすんで献血を申し出で、不眠不休の医師の敏速適切な応急処置と相まって、またも奇蹟的に命拾いをしたのであった。

「卒業証書」

——昭和三十六年十一月三日、社会福祉法人イエス団（賀川豊彦創立）に属する各施設の職員二〇〇名が参加、神戸市郊外金比羅山にて一泊研修会が開かれた。その時の升崎外彦講演より——

『今から二十何年か前、私の家の近くにFという人物が住んでいた。第三部に出てくる「卵の物語」の贈り主の息子である。彼は犬殺し屠殺《とさつ》を業とする男で職業柄か、酒を飲むこととバクチをうつことが飯よりも好きな乱れた生活をしていた。そして、そのとばっちりが、近くに住んでいる私の方に何時もとんできていた。このFに十六才になる長女があったが、いつの間にか姿が見えなくなったので、どうしたのかとFに問いただしたところ「串本（串本節で名高い紀州の南端の漁港）の料亭に、三十円で売りとばし、その金全部を酒にして、飲んでしまった」というのである。私は三十円の金を工面して、その料亭に娘を連れ出しに行くと、そこの主人はこの娘には大分資本がかかっているから、百二十円持ってこないと渡せぬ」という。止むを得ず私は「私はキリスト教の牧師である。ウソは絶対に言わぬ。その残金はあとから必ず送るから――」と言って娘を連れ戻して帰って来た。今の百二十円と違い、その当時の百二十円は、私にとっては並大抵ではなかった。

そうしている中にまたも彼は酒の故に殺人未遂を犯し、子供六人を残して獄につながれる身となった。家賃を少しも払わないので、その家族は家主からも追い出されて行き場所もなくなり、止むを得ず、私は家族全部を引きとって世話をすることにした。近所の人たちは「先生は爆弾をかかえているようなものだ」と言っていたらしい。その後、Fの妻Kは喉頭結核と腸結核を患い、私たち夫妻の看護も空しく死んでしまった。私はその屍体を自分の手で火葬に付し、私の造っている「希望《のぞみ》ヶ丘」の墓地の納骨堂にその遺骨をおさめた。やがてFは、四年の後保釈になって仮出所をしてきたが、ある日のこと、右手の小指の先を切ったのを出して、「自分は今まで先生に迷惑ばかりかけてきたが、今度こそは改心をして酒を止めます。そして真人間になります。私は真面目に商売をして、先生の恩にむくいたいと思っていますが、ついては先生これに受け判をして頂けませんか……」という。私はそうしたことにうといので、「自分がこの紙に印をおすことによって、この一個の人間が真人間になることが出来るのなら――」と思い、「君が小指を切ってまで堅い約束をするのだったら――」と、乞われるままに印をおした。それは三千円の借用証の保証人の受け判であった。Fはしばらくは真面目に働いていたが、またも酒で失敗をし、私にその保証責任を負わせたまま、ドロンをきめてしまった。風の便りでは、北海道にいるということであったが――。

それやこれやで悩み抜いた私は、当時、兵庫県瓦木村（現西宮市）に住んでいた賀川豊彦先生を訪ね、一部始終を話して相談した。先生はジイーッと私の顔を見ていられたが、カラカラと笑い、「升崎君、君もいよいよ一人前になったな」と言ってあのやわらかい手で私の手を握り、「君にも卒業証書あげようか！　君ね、キリストの事業というものは、ウソをつかれ、どやされ、裏切られ、愛する者からにえ湯をのまされるのが当り前だよ。君もこれで一人前や、えっとまてよ、君にはまだ卒業証書あげられんワ。修業証書にしよう」と茶化された。その時私は「なるほど、すべての者に裏切られ、ウソをつかれても、神は私を見捨て給わない」ということを悟らされ、その三千円（今の二百万円位？）の保証責任をとることを決心して、賀川先生のところをおいとまするこことにした。先生は、ジーッとうでぐみしたまま私をみおくってくれた。その後私は七年間苦しんだ。私には実に身をけずられるような七年間であった。

私は去る九月十六日の第二室戸台風の災害でひどい目に遭い、私自身も重傷を負い、今日まで安静にしていたが、十月二十二日のことである。私のところへ北海道から見知らぬ一人の青年が訪ねてきたが、その青年というのは私をひどい目に遭わせたFの三男のSであった。

話は今から二十四年前にさかのぼる。彼Fはその負債を私におしつけて北海道に逃げ、同地の開拓農場に入って貧しい生活をしていたらしいが、最後は中風になって死んだらしい。彼はその病中、かねがね孝行息子のSに「〝因果応報〟と昔からよく言われるが、私は紀州の南部にいた時、升崎先生に随分ひどい苦労をさせ、迷惑をかけてきた。その罰が当って、こんなに苦しんでいるのだ。お前はいつか本州へ渡ったら、まっさきに紀州の南部へ行って、升崎先生に礼を言って私のお詫びを言ってくれ。そしてお前たちの母の遺骨も升崎先生のところで祀られている筈だから、その墓参もしてほしい」と遺言をしていたらしい。

私は文書というものに兼ねてから恐れを感じているが、今度ほど驚いたことはなかった。「荒野に水は湧く」が出版されて幾日もたたぬ中に、どうした経路で配られたのか、Fの母Kの幼な友達、裁縫友達である一婦人がこの本を手にした。その婦人はキリスト信者であった。読み進む中に〝卵の物語〟が書かれている。「あゝこれはKさんの息子のことだ」ということで、その本を北海道に送ったらしい。その本を手にしたFの三男Sは、かねて父から聞かされていた南部のこと、升崎のことが書かれている。たまらなくなって北海道からかけつけて来てくれたのであった』

（著者註…その数年後の昭和四十二年のことである。「升崎先生には大恩がある。ぜひお礼をしてほしい」という父の遺言を聞いていた子供たちが、升崎の経営する〝愛の園保育園〟が園児達送迎のためのマイクロバスをほしがっているのを聞き、そのバス一台を寄贈した上、升崎が一万数千冊の蔵書の置き場所に困っている、ということを知り、上質の材料をそろえて二階建ての図書室を建て、父の遺言の一部を果たした。今升崎はこの部屋に起居している。またFの三男Sから著者のもとへ「……十年一昔とか申しますが、私の母が南部町で升崎先生ご夫妻の手で他界させて頂いてから二十五年の年月が流れました。私はその時四才でした。私たち親子（私の兄と姉）六人が、本当に筆舌につくしがたいお世話になった崇拝すべき尊いお方です。昨年の第二室戸台風の際には、先生のお体並びに建築物が大変なことになり、誠にお気の毒なことです。少々なりとも先生のためにお役にたちたいと思っております。―以下略（原文のま
ま）」という昭和三十七年二月九日付の手紙も届いている）

# フェニックス

和歌山県の名所の一つに白浜温泉があるが、そこには先年天皇陛下が泊られたこともある川久という一流旅館がある。

今宵その川久旅館に泊る予定の一人の旅人が、大阪から急行列車に乗ったが、車中の退屈しのぎにと、週刊紙の代りに「荒野に水は湧く」を持って行った。列車は始発の天王寺駅を発車、和歌山、御坊、田辺、を通過したのもわからなかったという。しかし、読みすすむうち不思議にひきこまれて、この人は軽い気持でこの小冊子を開いた。「白浜——白浜温泉——」と呼ぶ駅員の声にハッと気がついて急いで下車したが、宿に着くと、係の者に「主人にお会いしたい」という。館主が挨拶に出ると、「この辺に南部《なんぶ》という所がありますか」とたずねた。「それはなんぶではなく、南部《みなべ》でしょう。ここから二〇キロほど北の半農半漁の小さい町ですが、それがまたどうかしたのですか」「いや私は今日ここにくるまでに、この本を読んでいました。そしてとても感激したのです。この本にはその南部の人のことが書かれていたので、おたずねしたのです。あなたも一度この本を読んでみて下さい」

川久旅館の主人は、かねてから玄関脇に「義捐金箱」と書いた箱を一つおいて、観光客の喜捨を集め、その金に自分のポケット・マネーを加えて毎年末各所の施設に送金している篤志家である。この主人が客人にすすめられるままに、この小冊子を読んだ。そしてその翌日のことである。

第二室戸台風の後、度重なる津波や高潮から南部町を護ろうと、建設省が八億円の巨費を投じて海岸に大防波堤を造り、紀南労禱学国はその防波堤の内側の真下になって升崎は津波や高潮の心配から救われることになったが、国道四十二号線を白浜から疾駆して来た大型トラック二台が四十二号線から分かれてその防波堤の上に入って来た。しかもそのトラックには、立派なフェニックスの木が三本積まれていた。

何のことだかさっぱりわからず、ウロウロしている升崎を尻目に、大きな起重機が車から下ろされ、つづいて三本のフェニックスがおろされた。升崎はトラックにのってきた人に聞いた。「これは一体どうしたのかね」その人は植木職人であった。「白浜の川久旅館の主人が、白浜三段壁植物園の高橋主任にたのんだらしく、私たちはその主任からこの木をここに植えるよう言われて持ってきました。何でも川久旅館の主人が、先生のことを書いた本を一晩中泣きながら読んだとか、そしてこの木はその記念だということですが……」「これ一本どれ位するのかね！」するとその植木職人は「まあこれ位はするでしょう」と言って指を一本出した。升崎は重ねて聞いた。「一本とは一万円のことかね」「いやーひとけた上ですよ！」

今この三本のフェニックスは、見ごとに成長し、労禱学園友情荘の前に異彩を放っている。一本時価数十万円ともいわれている。

## 友情荘

総檜づくりといえば、ひところの観光地におけるA級旅館おきまりの建築様式であった。紀州白浜温泉も、その昔はこの総檜づくりの旅館が軒を並べていた。しかし近代建築の変化は、ここも例外ではなかった。十階を越す超デラックスな鉄筋コンクリートづくりの大建築、資本金何億か何十億かを投じてのホテル経営では、一部改装ぐらいでは、追いつかなくなった。

一流旅館の内幕は知らない。ただわかっていることは、まだ新らしい節なしの檜の豪華な建物が、おし気もなくこわされていくことだ。しかも、そこここに出来た木材の山は、一山いくらで競売されている。

病いえた升崎は、ある日白浜温泉でその光景を見た。そして「勿体ない、勿体ない」を連発していた。〝荒野に水は湧く〟を読んで感激した読者からは、升崎の許に献金が相次いだが、彼はその金でその本の名を記念して「湧水閣」という鉄筋の建物を建て、学園の食堂、炊事室、浴室、手洗い等を造った。さらに彼の病中、日本の各地及び海外から寄せられた沢山の見舞金が升崎を感激させたが、彼はこの金を私しては申し訳ないと思った。そう考えた彼は、かねてから聖職に疲れた牧師、伝道者の憩いの家がほしいと願っていたので、材木の山の一番小さいのを一つ買い、南部まで運んだ。材木代よりトラック代の方が遥かに高くついたという。

升崎は自ら設計して、洋室二、和室一、のほかにサンルーム、浴室、厨房、手洗い等の完備した一軒の家を建て、みんなの友情を感謝して「友情荘」と名付けた。升崎の暖かい思いやりが施設の隅々にまでうかがわれる建物である。そしてその玄関には「すべて労する者、疲れたる者は来たりいこえ。これは我らの家である」と書かれた板片が打ちつけられている。

(先生から、したておろしの丹ぜんを後からふうわりきせられて、感激したのは筆者だけではないだろう。私はそんな時まぶたをうるませ、胸をあつくしながら、先生のご親切にあまえた。先生のなされるままに任せて――)

# 日の岬灯台

「ツマキトクオイデ　タノム」

発信人は紀州のアメリカ村といわれている、日高郡三尾、日の岬灯台監守、内田某から。升崎はとるものもとりあえず日の岬をさしてひた急ぎに急いだ。南部から御坊まで二十八キロを汽車で。もどかしくて長い列車の中を歩いたという。御坊（「娘道成寺」で名高い道成寺のある町）から三尾まで十二キロをバスで。バスを下りてから更にけわしい山路を日の岬まで徒歩三キロ。戦局はいよいよ苛烈を加えた昭和十八年のことである。

灯台守夫人らは、風邪気味で倒れた。種々手をつくしたが、熱はいっこう下らない。果ては四十度を越すありさまで、昼間もうつらうつらの幾日が続いて、うわごとを言うようになった。ため水で冷やす手拭いはすぐ熱くなる。医師の来診も意に任せない。当時、医師は軍医として戦場にかり出され、郷にいる医師は老人ばかり。それも診療に追われて、交通不便な日の岬まではなかなか来てくれない。夫人の病気は腸チブスであった。看護に当たった長女、次女とも感染して、親子三人がせまい官舎の一室に枕を並べていた。隔離を願い出ても、戦時下非常時とあって、村当局もそこどころではなく、らちのあかぬまま三人の病気は重くなるばかり。

そこへかけつけた升崎の顔を見た夫人は、苦しい息の下から残りの力を一ぱいにふりしぼって、「先生！　娘にバプテスマを……」と願い出た。やがて間に合わせの器に水が用意されて、病床だがおごそかな洗礼式が行なわれた。しかし三人はまもなく相ついで息をひきとった。

いとも平安の中に――。内田は病室の隅にうずくまったまま、顔を上げようともしなかった。升崎はふもとの町で、リンゴ箱を求めてきて、俄《にわ》か大工で柩《ひつぎ》をつくることにした。始め親子三人仲よく一つ箱にと考えたが、余りにも哀れでならなかったので、柩を三つ造り、麓の火葬場まで運んで行った。

日の岬灯台は、回転式で、続けて四回、少し間をおいてまた四回、規則正しく光を放ちその光芒は二十海里の海面を照らす。それを見て、紀伊水道を南下する船は、「ああ日の岬だ、これからは外海だぞ、波が高くなるから気をつけろ」といい、北上する船は、「やれやれこれからは内海だ」と安堵の胸を撫でおろす。無数の漁船は、この灯台で船の進路をきめる。文字通り命の光である。激しい戦争のさなかにも、その光は守られてきた。しかし彼にはもう愛する者がいない。一人ぼっちである。千鳥が啼《な》く。日の岬の山頂から紀伊水道を見下ろす。遠く模糊としてかすむ水平線。眼下には岩に砕ける浪の花。彼は力一ぱい叫ぶ。「お――い、Sよ、Nよ、Aよ」と。応えるものは千鳥の声ばかり。『千鳥なく妻、長女、次女よ、とんでこい』内田は血を吐くおもいでこの句をよんだ。そしてこの句を石にほりつけ、紀伊水道の見える山頂に建てたが、その徐幕式には升崎ものぞんだ。

昭和三十二年二月十日夜九時四十分頃のこと、名古屋から神戸に向かって航行中の、デンマークの貨物船マースク号は、日の岬灯台沖五海里の海上で火災を起こし難破している機帆船を見つけた。同船は直ちに接近し、救難のロープを海中に向かって投げた。その投げられたロープによりすがって、一船員が甲板によじのぼって来たが疲れ切っていた故かいそのロープから手を離して海中に落ちこんでしまった。その時の事である。同船の機関長として初航海に従事していたクヌンセン（三十九歳）は、肌をさす寒中の激浪の中にざんぶと飛びこんだ。同夜は風速二〇メートルの北西の季節風が強く吹き、波は山のように荒れ狂っていた。溺れる日本人を一人、二人、三人と救い上げたが、最後の一人を救い上げた時、彼の体力はついにつき果てたのか、そのまま激浪の中に呑みこまれ、その姿を見つけることが出来なかった。

翌日彼の死体が日の岬北側の田杭海岸に打ち上げられて発見されたが、岩にたたきつけられつゝ漂うていたのか、その死体は見るも無惨な傷だらけの姿であった。しかし彼の懐中には一冊の小型聖書がしっかりといだかれており、しかもそれが読み古されてボロボロになっていた。彼の母は熱心なキリスト信徒であり、神を敬い、人を愛することの大切なことを、彼の幼少の頃から教えこんでいた。

死体の上ったことを聞いた升崎は、すぐに飛んで行き、「痛かったことだろう、冷たかったことだろう、ありがとう」と、涙しながらその傷を包帯で包んだ。そして国境をこえて人類愛を身を以て実践した、この偉人を葬むるにふさわしい告別式が、救われた漁船員たちや、その家族の感謝の涙の中に升崎の司式によって、いとも厳粛にとり行なわれた。

今、紀伊水道を見下ろす日の岬灯台横の景勝の地に、クヌンセンの胸像と記念碑が建てられている。そこは聖地としてその処に於ての一切の飲食を禁じこの偉人の遺徳に敬意を表している。しかしてこの記念碑の除幕式にはデンマーク大使も出席、升崎の司式によって行なわれた。

人その友のために命を捨つ
これより大いなる愛はなし
（聖書 ヨハネによる福音書十五章）

（この碑文を升崎が、賀川豊彦に依頼していたが、賀川は「美しい話だね、そのうちに書いてあげるよ」と言っていたが、賀川は間もなく病床の人となり、不帰の客となってしまった）

## 瑞宝章

「……叙勲のことに就いて、どうも素直に受け取る気持になれないまま、断わりつづけていたが、新聞には発表されるし、新聞記者がやってくる。これは固く面会を断わって会わなかったが、方々から祝電が二十六通もくるし、祝いの手紙も届く。殊に故郷の石川県知事からは八十四文字の長文祝電が届くし、金沢市長からも祝電あり全く恐縮した。故郷を出てから五十有余年、ただ籍をそのままにしてあるというだけの有名無実の人間に対しての祝電なので、恐れ入った次第。十一月五日に和歌山県庁で伝達式があったときも欠席したが、とうとう十一月八日に民生部長さんご自身がわざわざ当方を訪ねて来て届けられた。『当局に余り手数をかけさせぬようにして下さい。せっかくの国からの、せめてもの永い間のご労苦に対しての勲章ゆえ、どうぞ心して受けて貰いたい』と説きすすめられ、とうとう受けてしまいました。全く申し訳ないことです。

ところが翌九日、また県よりわざわざ係りの方が見えられて『この際、長い間先生とご苦労を共になさった奥様を同道で、十一月の宮中に於いての両陛下賜謁《しえつ》にはぜひ参列するように』と、南部―東京間の往復乗車券と超特急ひかり号の座席券二枚を揃えて渡され、私も結婚して初めて二人一緒の東京への旅を超特急ひかり号でしてきました。これは全く空前にして絶後のこと、あとにも前にもない旅行であり、本当にもったいない三時間の──新婚旅行ならぬ旧婚旅行でした。

東京駅につくと、和歌山県東京出張所の車で迎えられ、厚生省近くの素晴らしい旅館に送り届けられ、少憩の後、宮内省の待合室に迎えられ、二時四十分、宮中〝北の間〟にて賜謁、天皇陛下よりのお言葉があり、記念品を頂きました。その夜、県指定のホテルで一泊、翌朝早く東京を発ち、帰路県庁に挨拶に立ち寄って帰宅しました。後で知ったことだが、この度の上京の一切の費用は県からのものではなく、民生部長のポケット・マネーであるとのことがわかり、本当にもったいないやら、すまんやらで恐縮しました。さんざん受け取らないと手数をかけた者に対して、県の役人がそれほどにまでして私達を引き立て、労苦を共にした妻にもその栄誉にあずからせてやろう、とのご配慮に対して、本当にすまなく思っている次第です。

二十七日には、南部町役場の主催で叙勲祝賀会を小学校の講堂で開いてくれました。これまたあらゆる階層の有志が大勢参集下され、盛大な心あたたまる催しででした」

（昭和四十三年十二月一日付、升崎がある人に出した手紙の一部）

升崎が久しぶりで大阪にくることを知った大阪在住の升崎と親しい者たちが、十二月九日の夜、ある中華料理店を会場として、叙勲祝賀会ではなく「升崎先生に感謝する会」を開催した。

升崎外彦・清子

ほんの数人の集まりと思い、軽い気持で会場に臨んだ升崎は、そこに参集していた、自分と親しい伝道者や社会事業家等数十人の会衆に驚きつゝも、その友情を感謝して両眼をうるませていた。

一同の感謝の辞や、祝賀の言葉を受けた後、挨拶に立った升崎は、一同の友情を心から感謝した後、「……私はああもした、こうもした、と多くの方々が私に言って下さいますが、実際にその苦しみを背負ってくれたのは私の家内です。家内の協力がなくては何も出来なかった私なのです。この勲章も家内にささぐべきものです。今皆さんの前に立っているこの瞬間も、私はジッと目をつむると、私の眼底に、妻清子の奉仕の姿が写ります……」。と言ったまま、彼は絶句してしまった。長年の苦斗に、そのほほに皺を深くきざんだ老社会事業家、伝道者のいまだ人前に見せなかった尊い姿であった。同夫人も一年おくれて、四十四年秋叙勲され瑞宝章に叙せられた。婦人として和歌山県第一号である。そしてまたも夫婦揃って上京した。しかも今回の旅はある人の好意で日光・鬼怒川温泉と那須野を廻った。「結婚してから温泉旅館に二人いっしょに泊ったことは始めてのことで、殊に家内は日光が始めてだったので、とても喜んでくれた。ありがとう」と子どものように喜んでいた。夫婦そろっての叙勲は日本でも数少ないと言われている。

（升崎外彦・清子受勲の写真「他の人には見せてはいけないよ」と言って著者に送られたものですが……写真の裏には風雪四十年を共にした外彦、清子のサインがしてある）

## 外彦遊動の図

太田俊雄

### 津波の前夜

昭和二十一年十二月二十日の真夜中すぎまでかかって升崎は自分で来客を迎える準備にいそがしかった。二十人分のふとんのえりをつけ、枕カバーをかけ、シーツの用意も全部自分でした。明日は、いよいよ田村くん（筆者のペンネーム）がお弟子さんたちを連れて来てくれる、升崎は、そう思うと、うれしくてたまらなかった。思い出の糸をたぐれば、まことに不思議な神の導きであった。

かつて、鳥取の名門として知られていた柴田家の秀子夫人は、升崎牧師に私淑し、駐仏全権大使時代の沢田廉三が「山陰の松島」として宣伝し、松島にまさる景勝の地と、多くの人びとがたたえていた浦富海岸で升崎から洗礼を受けた。

柴田俊太郎は、その浦富海岸の名門、沢田家の出で、柴田家にムコ養子に行った。そんなわけで柴田家に升崎はよく出入りしていたし、柴田家では升崎の事業に援助の手をよろこんでさしのべていた。柴田俊太郎は、折りあるごとに「わたしの弟子に田村俊秀という子がいましてなア……」と、田村のことを語り、「わたしの岡山時代の四年間は、この子一人を見つけたことでムダではなかった」と語った。その田村俊秀なる人物にいちど会いたいと思っていた升崎は、その田村から招かれて滋賀県水口教会の新年聖修会の奉仕に出かけた。そして田村の家にくつろいで互いに親しく交わる機会が与えられた。それが昭和十七年の正月であった。

数年間のブランクはあったが、柴田のまいた種は豊かにみのり、そのみのりつゝある多くの種が田村に連れられて来る、というのである。のちに、『荒野に水は湧く—ぞうり履きの伝道者升崎外彦物語』(田中芳三著)でその人柄が知られる升崎は、おかしいほどソワソワと田村とその一行を迎える準備をしていたのである。

「そう、あれはもう夜なかの一時を、だいぶまわっていたでしょうなア、仕事を終えてわたしが床についたのは……」

升崎は感慨ぶかく、その時のことを語っている。きき手は誰あろう、賀川豊彦。場所は升崎の紀南労禱学園の一室。時は昭和二十三年一月二十日の夜ふけである。

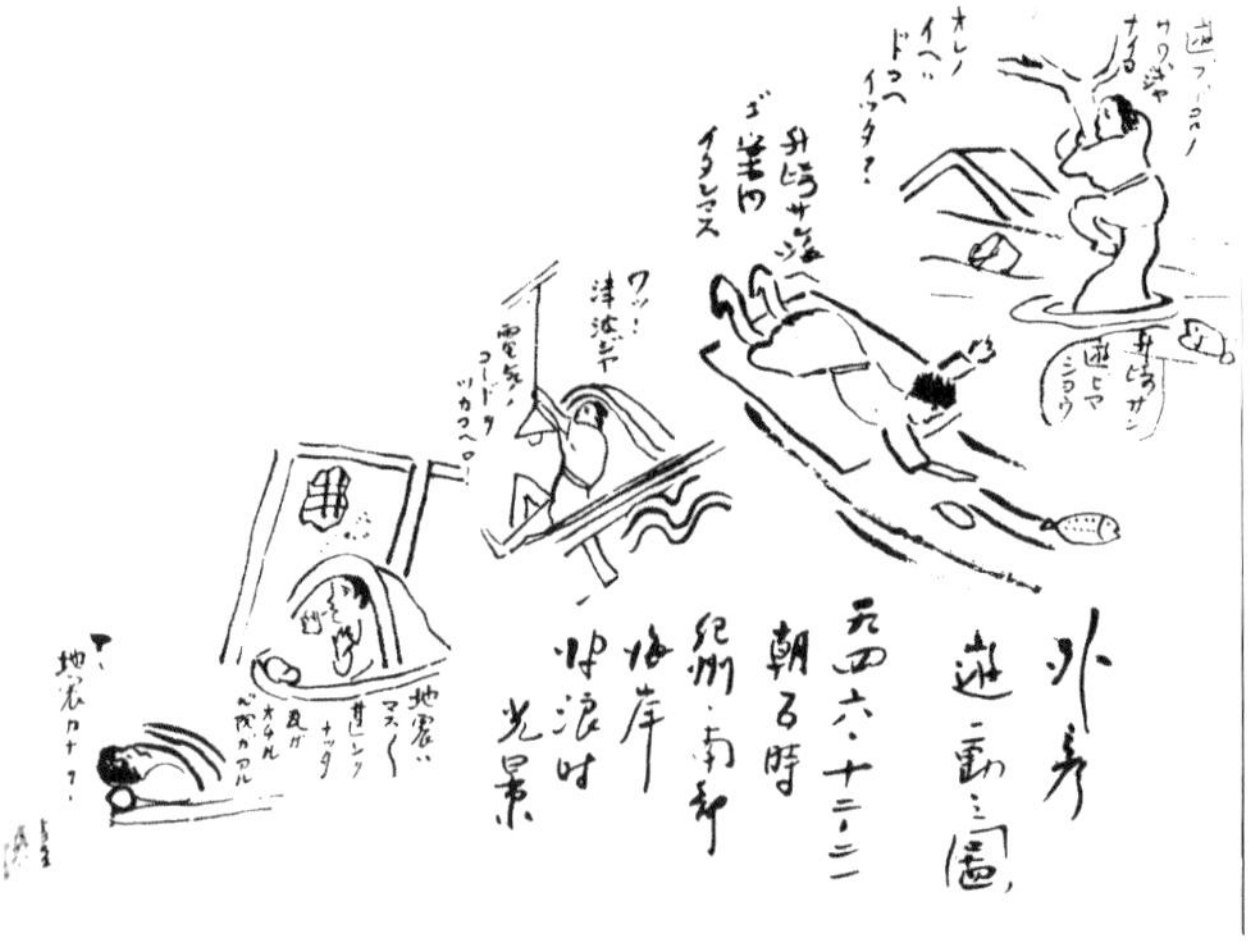


これは賀川豊彦の筆になる「外彦遊動之図」を縮小したもの（筆者所蔵）

伝道界の天下の両雄が、さし向かいで、コタツに入ってくつろいで語り合っているのである。賀川は、身をのり出さんばかりにして聞き入る。

「ふん、それで？」

「ぐっすり眠っていると、グラグラッと揺れました。その瞬間、地震だッ、と思ってふとんをかぶりました。遠くの方で、何とも言えぬ、すごいうなりがゴオッとして来ましたね。津波だ、と思った時はもうおそかった。畳やふとんもろとも、ドオンと、打ち上げられて、天井にぶっつかりましたよ。電燈のついていない真ッ暗い部屋で、無意識に手をのばしたら、ヒモがぶらさがっていました。電気のコードだったわけですが夢中でそれにつかまりました。しかし、次の瞬間には、畳にのったまま、ふとんもろとも引き汐に乗って、ドオッと海の方へ流されていきました。水の力というものは、恐ろしいものですなア。もうひと息で沖の方へさらわれてしまうところでしたが、南部には梅林があるでしょう。その梅の木にぶっつかって、畳から放り出されました。だが、一本の梅の木に手がかかってそれにすがりついていのち拾いをしました」

身をのり出すようにして聞いていた賀川は、何思ったか、

「紙、紙、それから、筆」

まるで命令するような口調で、せっかちに右手をあげた。

升崎が黙って立ちあがり、和紙と筆墨を持ってきた。

賀川は、コタツから出て、畳の上にその大きな和紙をひろげ、全く上機嫌で筆を動かしはじめた。こんどは、升崎が見る番にまわった。

まず、左下の隅に小さく、ふとんに入っている男を描き「ア、地震カナ？」やがて、画は左下の隅から、右上の隅に向かって、だんだん大きくえがかれていく。

画中の人物はふとんをすっぽりかぶって、こわそうに見上げている。

「地震ハマスマス甚シクナッタ瓦ガオチル心配ガアル」

次は津波で天井に打ち上げられるところ。必死になって、天井からさがっているコードにつ

かまっている。

「ワッ、津波ジャ。電気のコードヲツカマエロ!」

男は畳にのって流される。その先導をするのは一尾の魚。

「升崎サン、海へゴ案内イタシマス」

梅の木にしがみつく男を魚が誘いに来る。男は自分の家はどうなったか、と心配でたまらない。

「升崎サン、遊ビマショウ」

「遊ブドコロノ　サワギジャナイヨ。オレノ家ハドコヘイッタ?」

これだけ書き終えた賀川はたっぷり墨をふくませた筆で、右よりの下に、例の達筆で、
外彦遊動之図——紀州、南部海岸、津波時光景　一九四六・一二・二一朝五時
と書き、左下の隅に小さく「トヨヒコ、一九四八・一・二〇」と添え、

「これでどう?」

と、升崎をかえりみて、ニッコリした。


何年かたって、升崎が田村を訪問したとき、

「賀川先生の書いたもの、というたら、鵜の目、鷹の目でねらっている連中がいっぱいおる

から、油断できん。これは、誰よりもあんたが持っとったがいちばんよい、と思って持ってきた。誰にも渡さんがよいぞ。これは賀川先生の傑作中の傑作じゃからな」

と、言いながら、この戯画を田村に渡した。この画を見て、田村の親友、大川拡は言ったものだ。

「田村さん、この画をプリンストン大学のカガワ記念コレクションに出したら十万ドルでもよこしますよ」

それはともあれ、田村は生徒をつれての南部訪問は、このようにして実現できなかったのである。この画を手渡しながら、升崎はつけ加えた。

「あの時のことを思うと、ほんとうにゾッとするねェ。あんたがたが、もう一日早く来ておったら、二十名の若き魂が失われていたかも知れんのだから……」

（筆者は新潟市、敬和学園高校校長、「火の柱」「世の光」両誌に掲載されたもの）

# あとがき

人には各々その父母《ちちはは》があるように、魂にもその両親がある。私はペテロのように失言しては賀川豊彦先生によく叱られたが〝霊のわが父〟と心から尊敬していた。升崎外彦先生には紀州粉河教会でお目にかかってから三十有余年になるが、先生からは慈母のような薫育を受け、〝霊のわが母〟と慕っている。

賀川先生は数年前から私に、「君、升崎外彦物語を書き給え、僕が序文を書くから……」と、度々すすめられていた。私は粉河の同志武本昭夫氏に資料を集めて頂き、同教会牧師児玉充次郎著〝親鸞よりキリストへ〟沖野岩三郎著〝虹のおぢさん〟等を参考に書きはじめようとした時、この書の主人公より「私はまだ生きている、私は自分の歩んできた途をそんなに仰々しく発表されたくない。一農漁村伝道者で終りたいのだ。そっとしておいてほしい」と峻拒された。重ねて幾度もお願いしたところ「簡単に発表する程度ならば」とやっと了解を得ることができたが、そんな次第で、多くの升崎ファンより「もっとくわしく書け」との忠言を受けるかも知れないが、それは他日に譲ることにする。

昨年の二月、賀川先生永眠一カ月前のこと。私は東京松沢の自宅の病床に師を見舞い、この本の出版のことを話したところ、賀川先生は次のような序文を口頭で下さった。

「升崎外彦、彼は神の作品の一つであり、神の芸術の傑作である。彼は奇蹟の人であり、わが国数多い伝道者の中でも特異な存在である。このたび私の親しい同志たちが協力して〝升崎外彦物語〟を書くことになったと聞く。私は今病床にてこの企ての成功を心から祈っている」

私は学識も経験も何もない一介の大阪商人にすぎない。私は主人公の話されたままを順序にしたがって綴っていった。またいわゆる〝升崎外彦〟伝を書くのではなく、今もなお彼のうちに生きて働き給う主が、如何に彼を用い給うたかを思いつゝ、物語りとして綴った。したがって多少のフィクションの部分もあるのではないかと思う。

私は本書を綴りつゝも、その青春の日に、親子の恩愛の情に泣く父子の姿をまざまざと想起し、獅子ヶ鼻で烏に養われる受難の師を偲び、はたまた永良部の白百合の薫染《くんせん》を身に感得し、幾度も幾度も筆を止めては涙を拭い、先生の住む紀州南部町の方に向かって合掌した。

升崎先生の紀州での働きは本年で三十数年も続き、その働きをめぐって尊い物語りの数多くあるのを聞くが、紙数の都合でその多くを他日に割愛し、ここには数篇のみを納めた。

この小著について、西阪保治（日曜世界社主）武藤富男（明治学院長）吉田源治郎（西宮一麦教会牧師）西村次郎（大阪女学院長）太田俊雄（日本聖書神学校教授）氏等の助言を受け、私のペンの足りないところを補って頂いた。感謝である。

一九六一年七月二日

（升崎先生、紀州南部海浜に漂着記念の日）紀南労禱学園にて

田中芳三

# （付録）本書に寄せられた読者の声

「荒野に水は湧く」が出版されてから、日ならずして英、独語に翻訳され、また各種のキリスト教関係の新聞はもちろんのこと、一般商業新聞や週刊紙がいっせいにこの小冊子の書評や、読者の後日譚を書き立てた。その数も百種を下らないであろう。英文毎日は、一頁全部を用いて紹介し、朝日、毎日両新聞も数回にわたってその後日譚を報じた。ここにその一部を紹介する。

**『毎日新聞』**（62年5月28日・同年7月9日）

旧約聖書のイザヤ書三十五章の一節にある『荒野に水は湧く』という〃あるキリスト教伝道者〃の物語が話題になっている。

本書は和歌山県日高郡南部町に住む升崎外彦氏の五十余年の波乱に富んだ伝道の記録を、これはまた文筆とまったく無関係な大阪の一商人田中芳三氏が〃キリスト教は、なぜのびないの〃〃それは神学があって行動がないからだ〃〃説教ばかりで愛の奉仕がともなわないからだ〃などいう声に対して〃かくすればかくなる〃という信念で書きあげたという新書判百八頁の、うすっぺらな本である。しかし反響はものすごく著者のもとには、すでに五千通もの手紙が全国の読者から寄せられている。
そのうえアメリカでも邦人一世の間で大変な反響を呼び、この七月に英語に翻訳される段取りになっている。ところで、この「荒野に水は湧く」に物語られている升崎牧師の伝道記録はつぎのようである。

……中　略……

升崎牧師の記録は、このように〝使徒行伝〟そのままである。昨年の第二室戸台風では、施設の建物といっしょに押し流され、仮死状態のところをある老婦人に救われるなど、升崎牧師の伝道の生涯は、生命の尽きるまで波乱がつづきそうである。おそらく、こうした信仰への勇気が読者に生きる力と感動を与え、この一書が静かなブームをまき起しているのであろう。

**『羅府新報』**―ロスアンゼルス―（62年10月9日）

日本で宗教書がベストセラーになることはまれであり、キリスト教徒の小伝がベストセラーになるのは奇蹟に近いことである。その奇蹟が「荒野に水は湧く」という本によって起こっている。外観は小さいが、その内容は巨人の相貌をそなえている。「英文毎日」には在日欧米人読者のため五月二十七日付の紙上で「本書は一九六一年十月キリスト新聞社から出版され、全国的なセンセーションをおこし……」と記されている。

米国には約一万冊送られてきたが、これは一世間《せい》で大変な反響をよび、たちまち売り切れてしまった。それと同時に英訳を要求する声が強くなり、その要望に応えて南加のクリスチャン実業家である籾井潔、杭田亀一の両氏が英訳出版の責任をとる決心をした。私費を投じて英訳出版に踏みきった心境を両氏は次のように語っている。

『この本は我々の読んだものの中で最高のものであり、大きな感動を与えてくれました。この様な感動の経験を日本語のよめない二世や米国人にも分ちたいと思って今度英訳出版の責任をとることにしました。幸い南加信徒同盟の支持をえ、宣教八十五周年の好機に全米日米人の子弟達及び米人間に販布する計画が進んでいます……』

**『加州毎日』**—北米加州—（62年7月24日）

〝人のため　よく働くはウチのパパ　金を儲けよママが困るぞ〟

田中芳三氏著「荒野に水は湧く」—ぞうり履きの伝道者升崎外彦物語—の中で、主人公升崎の息子が小さい心に映った父の姿をそのまま詠《うた》ったのが、先の短歌だとある。

この書の著者は、今ロスアンゼルスを訪問中だ。この人の著したこの本を手にしてパラパラとめくる中に、先の短歌が目についた。何か誘いこまれるような微笑みが浮び、その九二頁から拾い読みを始めたところ、遂にやめられずに最終の百八頁まで読破させられた。そして「こいつは読める」と感じ、今度は最初から終りまでの全部を読み切るまで、大した時間がかからなかった。というのは主人公をめぐるいろいろな出来ごとの短い物語りの一つ一つが、ひどく興味深い上に、この主人公がクリスチャンとして伝道の鬼のような人だということが、別にクリスチャンでなくとも読者にとって抵抗を与えずに、引きずり込むような画き方がされている。つまり著者の才筆が並々でないせいだろう。ふつう、宗教にゆかりある書というものは、どことなくお説教くさいものだが、この本にはそれがない。……中略……

私はクリスチャンではないが、英訳が出来たらもう一度読んでみたいと思っている。

**『朝日新聞』**（62年12月20日）

ぞうりばきの伝道者―〝ゴモクタ先生〟として知られている升崎外彦牧師＝紀南労禱学園長＝のもとへ、このほど仙台市行人塚の宮城刑務所で処刑された未知の死刑囚Ａ青年（当時二四）から、十三階段の断頭台に上がる直前の辞世の句『唯一人ゆくは淋しと思えども、主はともにいまして心安けし』の一首が遺言として届けられた。

二十二才で凶悪罪を犯したこの青年は、死刑の判決を受け、独房生活に入ると、若いだけに〝生への執着〟にずいぶんと悩み苦しんだ。そのあげく到達したのがキリストの道で、差入れられた升崎物語「荒野に水は湧く」をむさぼるように読みふけった。それから間もなくして、彼は弁護士が提出中の助命の上告書を自ら取下げ、処刑の日を静かに待つようになったという。やがて十一月のその日が訪れ、所長室に招かれ、お茶とお菓子それにタバコを静かに受け、『遺言は』という所長の問いに、彼はこの辞世の句を『升崎先生にささげてほしい』と伝え、また数珠の代りにこの小冊子を持って死なせてほしいと願い出た。さらに『この一冊は兄の形見だ。立派な人間に成長してほしい』と肉親の弟へ遺言、静かに断頭台へ消えていったという。……後略……

**『恩寵と真理』**（62年3月1日）

ある日、郵便受箱の中から、この本を発見した。また本の押売りかと、気にもとめないでいたが、ちょっと読み出して見ると、たまらなくなって、夜おそくまで、一気に読んでしまった。それからも、幾度もくりかえし読んでいる。わたしにとっては近頃、聖書の外に、これほど強い感動を受けた書物はない。

……中略……

本書はその記録であって、日本の使徒行伝とも言えよう。（筆者＝五十嵐健治）

（註・五十嵐健治氏は明治十年生まれ、本年九十三歳。白洋舎の創立者。升崎氏のために幾度か義捐金を送ってくださった）

## 死刑囚により点字本に

福岡刑務所の一死刑囚、三枝某は、「自分は生前わるいことばかりして、何一つよいことをしなかった。今生《こんじょう》の別れに何かよいことを一つ残して死にたい」と思いたち、不自由な独房の中で、点字をうつ技術を身につけ、眼の不自由な人のためにと、獄中で自分の心を洗い清めてくれたこの小冊子を点字でうち始めた。死刑囚には刑の執行日が前もって知らされない。来る日一日一日が緊張の連続である。刑の執行日までには是非完成させたいものと、夜に日をついで打ったものらしい。その上巻が、きれいに表装されて、著者の許に送られて来たが、日ならずしてその下巻がこんどは表装されずに、バラバラのまま送られてきた。受領の礼状を出したが、『受取人なし』としてその手紙が送り返されてきた。彼は最後の表装を終り得ずして、刑場の露と消えたらしい。それは昭和三十八年の正月前のこと、今もその点字本は大切に保存されている。

またこの小冊子を読んだ多くの読者から、筆者の手許に感激の手紙が続々と送られてきた。大きな段ボール箱がその手紙で一杯になった。その中の一通に次のようなのがあった。「自分はT大学の学生であるが、あるささいなことからクラス・メートと喧嘩をし、ナイフで足を刺された。その傷口から破傷風菌が入り、ついに片足を切り捨てて今入院している。自分はその男が憎くて憎くてたまらず、今日か明日かと、その男の命をねらうようになっていた。ある時、親切な家政婦（未亡人でキリスト信徒）からこの小冊子を手渡され、泣きながら読んだ。そして私の考えは一変した。私は改めて神学校に入り、いまでは他人の足を洗う伝道者の生活に、生涯を献げたい、と決心している」

# 「ああ、勇士は倒れたり」

田中芳三

「ああ、勇士たちは戦いのさなかに倒れた。……ああ、勇士たちは倒れた。戦いの器はうせた」（サムエル記下1の25～27）。

『荒野に水は湧く』（キリスト新聞社発行）の主人公、升崎外彦牧師の突然の死も正にこの聖書のみことばどおりであった。

去る四月十八日のイースター。キリストの復活を記念するこの日の和歌山県南部教会の礼拝は、例年のように「希望ヶ丘」納骨堂前で行なわれた。先生はいたって元気であった。「希望ヶ丘」とは、升崎先生に世話になり、先生に看取られつつ召されていった六十数人の遺骨を納めた墓地である。

先生は他の人と別れ、その足で兼牧する美浜伝道所（そこから二十キロほど北にある日の岬の下にある町の伝道所）へ行くため一人バス停へと急いだ。その途中、山道の石につまずき倒れ、その所にうずくまってしまった。通りがかった人が、「見たことのある老人だが、何をしているのだろうと思い、近づいて見ると自分の平素尊敬する先生。大腿骨々折、痛さをじっと我慢して息も絶えだえの姿であった。びっくりしたこの人によって、さっそく救急車が手配され、そこより南へ十キロの田辺市中央病院に運ばれた。石膏でギブスをはめ応急処置をされたのち、一病院ではすることだけはしましたから、あとは自宅で養生して下さい」と、二日後自宅にもどされた。だが先生は老人性結核を患っていてよくセキが出る。しかし、セキをするたびに骨折のところが痛み、ギブスをはめられているため十分セキをすることが出来ない。その二日後、五十年間一つ十字架を共に負ってきた清子夫人に見守られながら、人生の大いなる夕暮れを、静かに静かに迎え、己が経営する『紀南労禱学園』の将来のことを祈りつつ、召されていった。その日は先生がこの地上で最も尊敬し、したいつづけた賀川豊彦先生の命日の一日前、昭和五十一年四月二十二日八十四歳であった。

## 伝道者に定年はない

常日頃から、「みなさんに迷惑をかけないようひっそりと葬ってほしい。遺骨も残さなくてよい」と言われていた遺言に従い、ごく内輪だけの簡素な告別式が営まれた。県知事ほか多くの方々の花輪が届けられたが、それらは全部祭壇のうしろにおかれ、正面には「イエスの友会」より贈られた白菊の花一対のみがかざられ、柩の上には、先生が生前こわれるまま色紙等によく描かれた白百合の花束がおかれていた。

「来なくてもよい、と言われてもどうしてもこずにはおれなかった。柩にすでに釘がされていても、無理にお願いして一日最期のお別れがしたかった」と、新潟、金沢、東京、大阪、岡山、等々遠近から約二百人の人々が集い、柩の中の先生の手を握り、顔をなで、その遺体にすがりつきつつ涙と共にお別れをした。（突然の死とてやせ衰えておらず、今にも語りかけるようなほほえみをたたえており、その遺骸には、荘厳な聖者の雰囲気がただよっていた）。

先生が亡くなられたのち私への遺書（？）が発見されたが（広告紙を同じ大きさに切って、その裏面に二十枚ほどにわたって切々と書かれている）、その中に、「根岸先生（注＝和歌山県海南教会牧師）が聖壇より召されたことが羨ましい限り、これが私の常に描き待望する〝牧師の理想像〟です。私もいよいよ残り少なくなった生涯、静かに残務を果たし、人々に知られないように静かに召天したいと念願しています。葬儀なんかはまっ平ご免、死者には何の供養にもなりません。皆さんにこれ以上迷惑をかけないようにして下さい」とあった。あの弱い体で、幾度か死線を越えながら、悩める人々の足を洗いつつ伝道の途中に倒れられた栄光の生涯を私は本当に嬉しく思う。

（昭和五十一年五月十六日、日本キリスト教団天満教会において、社会福祉法人イエス団とイエスの友会共催で、追悼式が開かれ、太田俊雄氏―敬和学園高校校長―の記念講演があり、数百人が集い、故人の徳をたたえ、み名を賛美した）。

先生はいつも私に、「人生において出会いが大切である」と言われた。それは――〈私は三人の偉大なる先覚者にめぐり会ったことを感謝している。その一人は、岡山孤児院の創立者石井十次先生。先生は「ボロぞうさんになれ。汚れてよごれたところを潔めるのはぞうきんだ」と教えられた。それから救世軍日本司令官山室軍平先生。私は先生の副官をながく勤めさせていただいたが、先生は「失せたるものを探し出せ。百匹の羊のなかから失せる一匹を探し出す。それがよい羊飼いである」と強調された。残る一人が賀川豊彦先生、先生は、「下座奉仕、尻ぬぐいに徹せよ、赤ちゃんのウンコを黙々と始末する母の気持ちを実践せよ」と言われた〉と。

この三人の師の教えを忠実に守って生きつづけてこられたのが、升崎先生の生涯ではなかろうか。

## 「友なきものの友となりて」

告別式の日、故人愛唱の讃美歌一二一番「まぶねのなかに」（由木康作詞）が歌われた。これは、キリストの一生を歌ったものであるが、私は途中から声がつまり、涙が止めどもなく頬を伝い、ただ歌詞だけを見つめていた。このキリストの道を、善かつ忠なる僕として歩まれたのは、升崎先生ではなかったかと思ったからである。ある時先生は、「ボクは困った事件に遭遇し、右すべきか左すべきかに迷う時、いつも考えたことは〝ここにうつしみのキリストがおられたら、どうされるであろうか〟ということで、これが解決の鍵であった」と話されたことがある……。

「まぶねの中に、うぶ声あげ……」

先生は七月児の逆子として生まれ、〝飢饉年の猿のはらみ児〟のようだとつぶやかれながら、しかも難産だった生母には三日後に先立たれ、寺門の跡目をつぐ者と運命づけられて成長、しかし少年期に入って煩悶、前後七回も自殺を企てて失敗、救世軍の野戦によってキリストの救いに導かれたが、父の憤怒に触れ、氷結した池中にふんどし裸で投げこまれて堅氷を鮮血で染め、父から勘当を受けて家を出る。

「しいたげられし人をたずね、友なき者の友となりて……」

紀勢線の建設工事で旧朝鮮からの労働者が南部町に大勢増えてきた。ところがこの人たちが銭湯へ行っても入浴を断わられた。先生は、たまたま大阪で講演をして十円もらったので、古いフロおけを二個買って大阪から運び、戸板囲いの野天ブロを造り、無料で開放して喜ばれた。ところが警察ににらまれ、取り調べを受けた。

親からも捨てられたライ患者を家に泊め、一つ部屋に枕を並べて寝、自殺未遂者を迎えて立ちなおらせ、少年院ではどうすることもできない少年を引き受けては寝食を共にして生まれかわらせた。その数、幾十百とかず知れず。

「すべてのものをあたえしすえ、死のほか何もむくいられで、十字架の上にあげられつつ、敵をゆるししこの人を見よ」

戦時中、アメリカのスパイと嫌疑をかけられ、和歌山憲兵司令部に出頭を命ぜられ、係の軍曹に、殴る、蹴る、踏む、指にキセルをはさまれる、本銃で突っかれるなどの拷問を受け昏倒、意識を失ってしまった（この時、今も健在の磯野博士に助けられ一命をとりとめた）。この時の傷が宿痾《しゅくあ》となり、生涯先生自身を苦しめ、また家族にもとりかえしのつかない十字架を負わせる結果となったが、その軍曹が憲兵隊くずれとなり、悪事を重ねて法廷に引き出された時、その身柄引き受け人となって、特別弁護人をかって出、執行猶予の判決を得て釈放してもらい、のちに彼のために仲人の労をとり、その結婚式の司式までもした。


先生の好きだったものは、アガラ（自分達）の会で質素な食事をすること。きらいだったものは、すしと蛇、そして上座に座らせられることと人にほめられ、もてはやされることであった。

この一文も先生のきらいなことの一つかも知れない。

（昭和五十一年五月十五日付『キリスト新聞』「天国の椅子」より）

移築前の愛之園保育園

移築前の愛之園保育園の園庭

移築前の愛之園保育園の階段の壁に掛けられた子供たちの絵

移築前の愛之園内

蔦に覆われる向日荘

移築前の園から太平洋を望む

升崎外彦牧師の記念碑

升崎の作った希望ヶ丘墓地の升崎家の墓

地域の園が合同で新築され「みなべ愛之園こども園」となる

新築愛之園教室入口

新築の愛之園こども園の体育館

「駿馬飛躍」

「菖蒲」

「水仙」

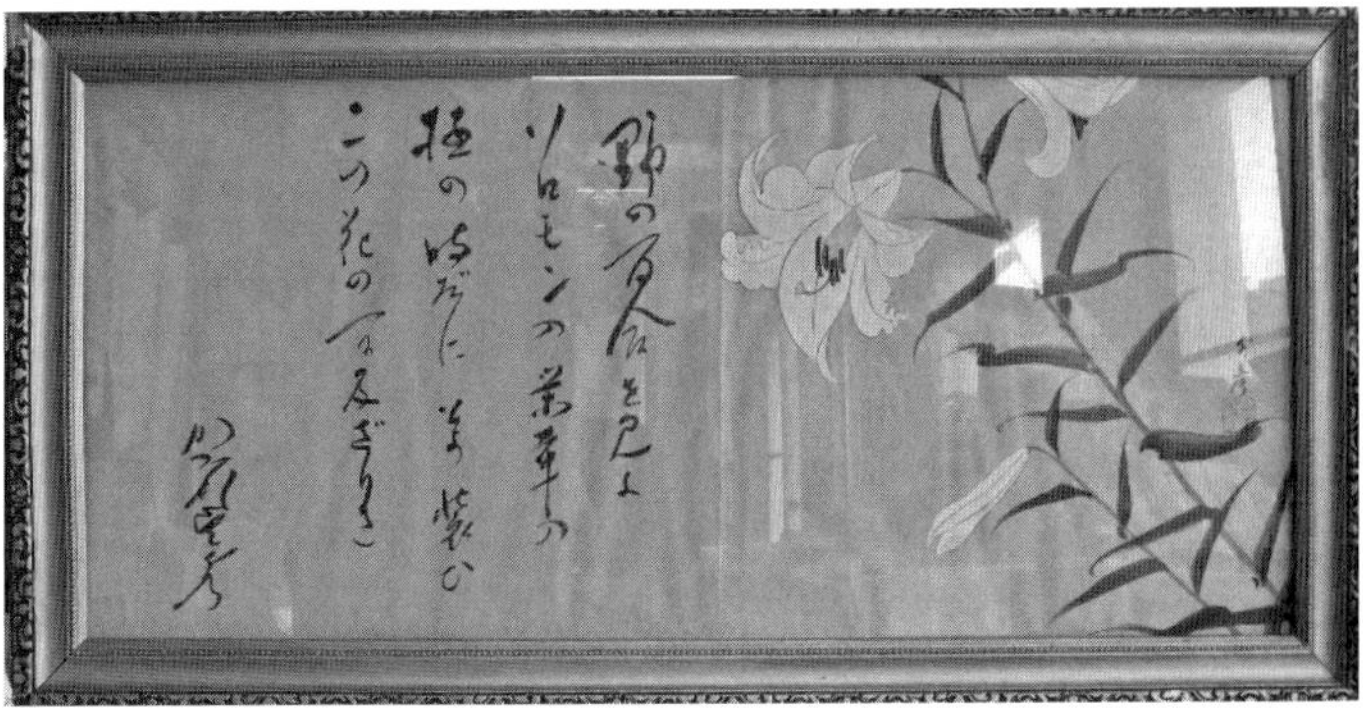

「野の百合を見よ」

「菊」

「雛人形」

「百合」

「椿」

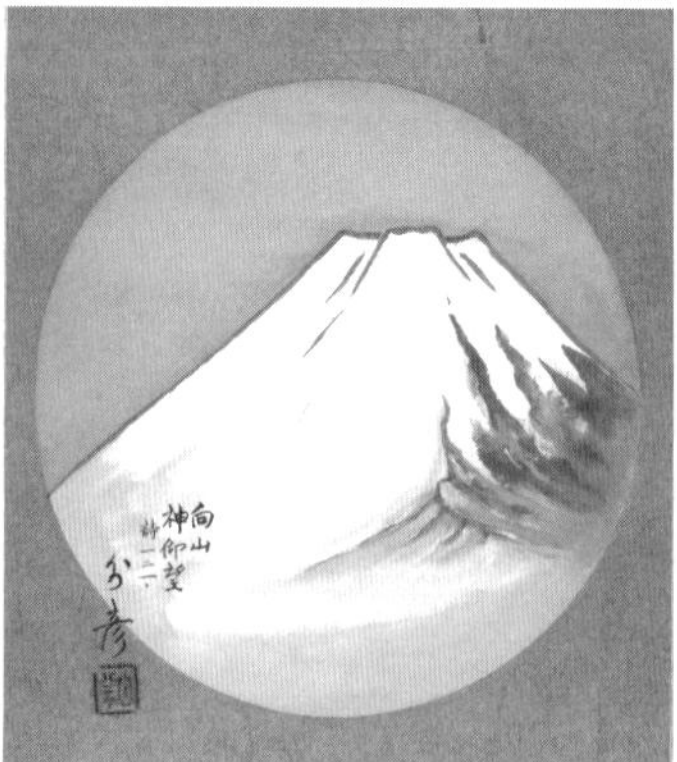
「富士山」

「甲冑」

〈著者略歴〉

田中《たなか》　芳三《よしぞう》

昭和5年（11歳）
紀州粉河教会にて児島充次郎牧師に導かる
昭和8年
大阪天満教会にて木村清松牧師より受洗
昭和35年
〝神は我が牧者〟（賀川豊彦の生涯とその事業）編集発行
昭和38年
〝種子をまく人々〟（賀川豊彦を巡る人々②）を編集発行
昭和39年
〝一杯の人〟（賀川豊彦を巡る人々③）を編集発行

※著者略歴は昭和51年1月10日時点のものです。

# 荒野に水は湧く

## ぞうり履きの伝道者升崎外彦物語

昭和36年10月1日　初版発行
著　者　田中芳三
発行所　キリスト新聞社
※以後重版を繰り返すが絶版となる。

本書を座右の書としている編集者の希望で以下の
出版社より再発行
令和４年10月15日　初版発行
著　者　田中芳三
発　行　アートヴィレッジ
〒663-8002　西宮市一里山町5-8・502
Tel：050-3699-4954　Fax：050-3737-4954
Mail：a.ochi@pm.me


定価はカバーに表示してあります。